# Begegnungen mit Deiner Seele
*Sabine Kohlhepp*

# Begegnung mit
# DEINER SEELE

---

## Heilung auf allen Ebenen

Von

*Sabine Kohlhepp*

Bibliografische Information der Deutschen
Nationalbibliothek: Die Deutsche Nationalbibliothek
verzeichnet diese Publikation in der Deutschen
Nationalbibliografie; detaillierte bibliografische Daten
sind im Internet über dnb.dnb.de abrufbar

Herstellung und Verlag:
BoD – Books on Demand, Norderstedt

ISBN: 978-3-7557-9972-6

Begegnung mit deiner Seele · Heilung auf allen Ebenen 6

Aspekte der Ganzheitlichkeit, die 4 Ebenen 9

Deine wahre Schöpferkraft – Entfessle Deine Kräfte 15

Gleichgewicht und Heilung auf allen Ebenen 32

Der Übergang von 3D in 5D-was bedeutet das? 79

„Wake up your mind - Die Reise zu dir Selbst!" 86

Die Sprache der Organe 92

Die Lunge 94

Der Darm 98

Die Schilddrüse 103

Die Nieren 109

Die Augen - Die Spiegel Deiner Seele 113

Die Reise zu Dir selbst beginnt! 123

Richte deinen Fokus, deine Aufmerksamkeit aus! 136

Werde zur mächtigsten Kraft in deinem Umfeld! 139

Die Erschaffung einer neuen Matrix! 150

Fokussiere gleich das gewünschte Ziel! 154

Lass uns Lösungen finden, statt die Vergangenheit mit Ihren Problemen weiter zu nähren! Sie ist vorbei! 158

Der Umgang mit Konflikten! 162

Finde die Qualitäten Deines ICH´S und lerne aus Schwächen Qualitäten zu kreieren! 174

Die Reihenfolge von Schwingungen/ Emotionen/ Frequenzen 178

Emotionen und ihre Frequenzen/Schwingungen 184

Reguliere Dich selbst! 187

Die Kraft der richtigen Affirmationen! 196

Die vier Bewusstseins-Ebenen des Wachstums! 213

Affirmationen: Unterstützung auf deinem Seelenweg! 224

Erklärungen zu Fremdwörtern und Begriffen 240

Über die Autorin Sabine Kohlhepp 250

# Begegnung mit deiner Seele · Heilung auf allen Ebenen

Vorwort

Wir leben in einer der äußerst aufregendsten und herausfordernden Zeiten in der Weltgeschichte. Die Menschheit ist als Ganzes, wie jeder einzelne von uns, mit Tatsachen konfrontiert, dass unsere bislang gewohnte Lebensweise nicht länger so funktioniert, weder für unseren wundervollen Planeten Erde noch für uns selbst.

Sehr viele von uns erkennen bereits, dass wir inmitten von einem schwierigen dennoch sehr faszinierenden Lern- und Lebensprozess uns befinden – unsere persönliche Evolution und die Evolution unseres menschlichen Bewusstseins.

Wir können nicht länger altvertrauten Pfaden folgen. Die materialistische Lebensweise bewirkt, dass wir uns emotional und spirituell leer fühlen und sie ist mit dafür verantwortlich, für die rapide Zerstörung von Mutter Erde. Die starke Ausrichtung unserer Kulturen auf die technologische und intellektuelle Entwicklung hat in unserer Welt ein sehr gefährliches Ungleichgewicht erzeugt.

Um alle Aspekte unserer Persönlichkeit zu aus- zudrücken und zu entwickeln und um zu neuer persönlicher Zufriedenheit und Glück zu gelangen, müssen wir neue Wege finden, Wege, um mit größerer Bewusstheit auf dieser Erde zu leben.

# Was ist dazu notwendig?

Dazu ist notwendig, dass wir uns selbst in Ehrlichkeit begegnen uns selbst ehrlich anschauen und die Bereiche unseres Lebens aufdecken, wo es an Bewusstheit mangelt. Lernen unsere seelischen Wunden zu heilen und uns um unser Wachstum und unsere Weiterentwicklung zu kümmern.

Vielleicht bist auch „DU" auf der Suche nach Erkenntnis, praktischen Ratschlägen, die sich im Alltag umsetzen lassen und Hilfsmittel, die diesen Prozess unterstützen.

Ich selbst befinde mich auf diesem Weg seit vielen Jahren und manchmal habe ich das Gefühl, wenn ein Kapitel abgeschlossen ist, dann kommen dafür doppelt so viele hinterher. Lernaufgaben sind Wachstum und ich bin sehr dankbar, für alle Lernaufgaben, die mir das Universum in meinem Leben geschenkt hat!

# Aspekte der Ganzheitlichkeit, die 4 Ebenen

Mir hat die Erkenntnis geholfen, dass es 4 wichtige Aspekte/Ebenen des Lebens gibt:

1. Den spirituellen Aspekt
2. Den mentalen Aspekt
3. Den emotionalen Aspekt
4. Und den physischen Aspekt.

Bei vielen meiner Vorträge, Seminare und Ausbildungen wurde sehr häufig die Bitte an mich herangetragen, die von mir angesprochenen Aspekte, ich nenne sie auch „DIE ASPEKTE DER GANZHEITLICHKEIT", einmal ausführlicher in schriftlicher Form zu beschreiben.

Ich habe mich dazu entschlossen, im letzten Jahr darüber einen wundervollen und nachwachsenden Ausbildungs-kurs mit über 200 Seiten PDF und über 20 Schulungs-videos zu drehen und zu schreiben! Über 30 Jahre Erfahrungen, Studien, Ausbildungen, Reisen und viele bekannte Mentoren wie Kurt Tepperwein, Alberto Villoldo, Dr. Joe Dispenza, Dr. Bruce Lipton und auch Reinhard Stengel waren auf meinem Wissens-Weg eine große Unterstützung. Dieser Kurs ist auf ganzheitlichem Wissen rund um Körper-Geist und Seele aufgebaut, im Einklang mit den geistigen, universellen Gesetzen.

Eine Bewusstseinsreise ist für viele Menschen eine Herausforderung, ich nenne sie auch im Kurs, „Die Reise zu Dir selbst!", aber sie ist das wichtigste und belohnendste Abenteuer, dem wir uns hingeben können.

Um in unserem Leben Ganzheit, Ausgewogenheit, Erfüllung auf allen Ebenen des Seins zu erlangen, müssen wir alle 4 Aspekte in uns wieder ins Gleichgewicht bringen. Wir müssen sie heilen, weiterentwickeln und in uns integrieren (auch wenn Seelenanteile sich abgespalten haben!).

Ich durfte durch neuronales schamanisches Mentoring lernen, das wir, um vollständig in unsere wahre Größe zu gelangen, alle Seelenanteile und alle Aspekte unsere Seelenhauses wieder zu Hause „WILL-KOMMEN" heißen dürfen, und ihnen die Aufmerksamkeit geben, die ihnen zusteht in gleichen Teilen zu wachsen.

Ein Aspekt / Seelenanteil bedingt den anderen, wir sind Mensch – Körper - Geist und Seele und alle Anteile haben die vollste Aufmerksamkeit verdient.

Ebene 1: Der spirituelle Aspekt, unsere Seele, ist unser innerster Kern, der unser Wesen ausmacht. Jener Teil von uns, der jenseits von Raum und Zeit existiert.

Er verbindet uns mit der universellen, göttlichen Quelle und somit auch mit der Gesamtheit allen Lebens auf der Erde. Wenn wir uns stärker der spirituellen Ebene unseres SO-SEINS bewusstwerden, erfahren wir eine starke Verbindung oder auch Anbindung zum Universum und dadurch auch zu uns selbst. Denn alles was im Universum existiert, existiert auch in uns.

Wir entdecken in unserem Leben unsere Bestimmung und auch den Sinn unseres Lebens auf Erden. Unsere Perspektiven erweitern sich über unseren physischen Körper hinaus. Diese Ebene der Spiritualität stellt das Fundament dar, für die Weiterentwicklung der anderen 3 Ebenen.

Ebene 2: Der mentale Aspekt stellt unseren Intellekt dar. Unsere Fähigkeiten zu analysieren, zu denken, zu verknüpfen. Unsere geistig-mentale Ebene besteht aus unseren Werten und Gedanken, Überzeugungen und Einstellungen, die wir im Laufe der Jahre erlernt haben.

Unser Verstand kann unsere größte Gabe sein, aber auch zugleich unser größter Schmerz, denn der Verstand ist es, der Urteilt und analysiert. Das schöne daran ist, das wir als Schöpfer -und Kreativwesen immer die Wahl haben, ob wir uns in tiefe Verwirrungen stürzen oder ob wir es zulassen, zu tiefer Einsicht zu gelangen. Wenn wir unsere mentale Ebene entwickeln und das volle Potenzial bewusst nutzen, dessen was wir sind, sind wir fähig, klar und vorurteilslos zu sein und zu handeln. Unser Verstand macht es möglich zu entscheiden und aus unseren Lebenserfahrungen Wissen und Weisheit für uns zu gewinnen und somit auch für die Welt.

Ebene 3: Die emotionale Ebene, (ich stelle sie immer gerne in Frequenzen und anhand einer sog. Schwingungstabelle dar), ist unsere Fähigkeit in die Tiefe zu gehen, d.h. das Leben in all seiner Tiefe zu erfahren und auf der Gefühlsebene zu anderen Menschen und zur Welt und dem Universum in Beziehung zu treten.

Dieser Teil von uns strebt nach wundervollen, glücklichen und sinnerfüllten zwischen-menschlichen Kontakten und nach dem Gefühl der Verbundenheit. SEIN MIT ALLEM WAS IST UND NICHT IST! Wenn wir diese emotionale Ebene entwickeln, bewusst oder unbewusst, sind wir fähig, das Leben in seiner ganzen Bandbreite zu erfahren und darin die Erfüllung zu finden. ER-FÜLLUNG, mit was erfüllst / füllst du dich den ganzen Tag? Was gibt DIR Kraft und was nimmt DIR die KRAFT?

Ebene 4: Die physische Ebene, unser Körper. Aus vielen Billionen von Zellen bestehend, mit seinem eigenen Zellgedächtnis und seinem Ablauf Informationen von allen Ebenen zu bearbeiten und verarbeiten.

Mit ihm können wir in der materiellen Welt leben und gedeihen, vom Samenkorn bis hin zu unendlichem Bewusstsein. Alles ist möglich, wenn wir es uns bewusst sind! Um uns auf der körperlichen Ebene ausgeglichen und gesund zu entwickeln, ist es wichtig gut für unseren Tempel zu sorgen und viel Freude an ihm zu haben.

Ihn zu nähren und bewusst im zu zuhören, was er braucht, um gesund zu wachsen, seine Sinne zu entfalten und dafür zu sorgen, dass er den WEG der Seele geht, den sich die Seele ausgesucht hat. Wenn wir dies nicht tun, dann gibt uns der Körper in Zeichen von Schmerzen oder Erkrankungen einen Hinweis, wo wir nicht den WEG gehen, den sich unsere Seele für dieses Leben gedacht hat. In der Traditionellen chinesischen Medizin gibt es keine Erkrankungen, nur ein Ungleichgewicht im Körper-Geist-Seelen Bereich.

Ich durfte auch in den letzten Jahren lernen, wieder in Harmonie zu leben, im Einklang mit den 4 Ebenen und bis heute begleite ich Menschen hier auf ihrem Weg in Form von Mentorings, Ausbildungen, Seelencoachings und auch Seelenbüchern.

Diese Bewusstseinsreise ist einer der wichtigsten und belohnendsten Abenteuer, die ich je angetreten bin und ich bin unendlich dankbar für alles, was ich lernen durfte, von meiner Familie bis

hin zu meinen Mentoren, Freunden, Arbeitskollegen, der Natur und den Tieren.

Danke, Danke, Danke

Herzlichst Eure *Sabine Kohlhepp*

# Deine wahre Schöpferkraft – Entfessle Deine Kräfte

Wir leben in einer Zeit, wo viele vergessen haben, was sie wirklich ausmacht, wo viele vergessen haben, was für eine mächtige Kraft in ihnen schlummert, wo viele vergessen haben, wer sie wirklich sind und warum sie in dieser Zeit inkarniert sind.

Worin liegt diese Kraft und wie kann man diese aktivieren?

Jetzt in dieser, für viele magische und auch herausfordernde Zeit, geht es darum sich seiner Selbst bewusst zu werden, zu hinterfragen, wer „ICH-BIN", was meine Aufgabe hier auf Erden ist und wozu ich genau dort inkarniert bin, in dieser Familie, an diesem Ort mit dieser Ahnenlinie. Zu erkennen, dass alles einem göttlichen Plan folgt und der ist: „ZU ERWACHEN!"

Viele Menschen glauben nicht an den WEG der Freude, sie glauben, dass das Leben anstrengend, schwierig und hart ist. Es geht um Sicherheit, sie gehen den Weg der Sicherheit und tun Dinge, die sie eigentlich nicht wirklich wollen mit dem Gedanken und dem Glauben: „Aber es muss ja gemacht werden und dass es Plichten gibt, die einfach erledigt werden müssen!" Mein Vater hatte mir oft als Kind gesagt:" Du wirst sehen, wenn Du groß bist und eine eigene Familie hast, dass das Leben kein Wunsch-konzert ist und man hart arbeiten muss, um etwas zu erreichen." Er sagte mir auch, dass es heute unwichtig ist welchen Job man macht, Hauptsache ist, dass man einen sicheren Job hat!"

Ich hatte als Kind schon Angst in die Schule zu gehen und wenn ich ehrlich bin, hat mir der Kindergarten auch nie wirklich Spaß gemacht, denn ich musste mich überall unterordnen und mich fügen.

Ich verbrachte meine ersten Lebensjahre gemeinsam mit meiner Schwester häufig in Be- treuung und wir hatten dann auch eine „Nanny" die danach für uns zu Hause zuständig war. Ich habe oft zu hören bekommen: "Sei dankbar für eine Nanny und sei dankbar, dass ihr so viel Geld hattet und du in einer großen Villa aufgewachsen bist."

Ich bin sehr dankbar dafür, doch ändert dies nichts an der Tatsache meine Eltern ständig vermisst zu haben. Ich habe sie so sehr vermisst, dass ich als Kind im Alter von 7 Jahren schwer erkrankte. Ich war oft bei meiner Oma, wenn meine Eltern verreist waren oder keine Zeit für uns hatten. Ich erinnere mich, dass ich eines Tages so sehr meine Mama vermisste, das ich Essen und Trinken verweigerte, ich weigerte mich zu essen und zu trinken bis endlich meine Mama kommt und Zeit mit mir verbringt. Mein Körper baute ab und ich wurde immer schwächer, bis nach mehreren Tagen endlich meine Mama kam und eine Woche lang blieb.

Diesen Tag vergesse ich nie, obwohl es so viele Jahre her ist und meine Mama heute nicht mehr lebt. Was ich damals nicht wusste war, dass meine Mama sich von meinem Vater getrennt hatte und sich scheiden lassen wollte.

Hier begann der Alptraum für meine Schwester und mich, als das Familiengericht damals entschied das meine Schwester bei meinem Vater bleiben sollte und ich wurde meiner Mutter zugeteilt.

Wir wurden getrennt.

Um meine Geschichte hier vollständig zu erzählen, bräuchte es einen Roman von mehreren tausend Seiten. Diese Trennung hat uns geprägt bis heute. Doch heute sehe ich sie in einem anderen Licht. Man muss nicht immer verstehen, warum Erwachsenen etwas tun, und als Kind schon gar nicht. Wichtig ist, ab einem gewissen Alter zu verstehen, das wir selbst unser Schöpfer sind und die Möglichkeit haben, es anders zu machen.

Das tat ich bei meinen beiden Töchtern, die ich von ganzem Herzen für ihr Sein liebe. Als meine erste Tochter Helen auf die Welt kam, versprach ich ihr,

Zeit für sie zu haben, doch wie sollte ich das anstellen mit meiner Arbeit als Fitnessfachwirtin und Studioleiterin, die es gewohnt war, von morgens bis abends zu arbeiten.

Zu dem Zeitpunkt war ich noch in Elternzeit und meine Gedanken kreisten den ganzen Tag darum und dann hatte ich noch meinen gewalttätigen und alkohol-süchtigen Ehemann.

Für mich war erst mal wichtig aus dieser leidvollen Ehe herauszukommen. Den Schutz meines Kindes und mir stellte ich an erste Stelle, egal was ich dafür aufgeben musste an finanziellen Sicherheiten. Ich habe auf meinem YouTube Kanal: „Der Ehrlichkeit begegnen TV" meine Geschichte bereits erzählt in einigen meiner Videos, und wie ich es geschafft habe, da herauszukommen.

Damals wusste ich nicht von welch einer Kraft ich geführt worden war, als ich den Mut aufbrachte, meinen damaligen Ehemann anzuzeigen und eine Einstweilige Verfügung zu erlagen. Ich hatte panische Angst vor ihm, doch meine Angst, weiter in dieser qualvollen Ehe zu bleibe war größer. Und so entschloss ich mich, für meine Tochter und mich zu gehen! Eine magische und unglaublich mächtige Energie die mich damals durch-strömte, unter- stützte mich.

Heute bin ich mir sicher, sie wurde nur dadurch freigesetzt, weil ich für mich und meine Tochter gegangen bin.

Von da an ging es nach Oben. Ein weiterer Schritt in die Selbstliebe und in meinen Selbstwert! Trotz der Ängste, es finanziell nicht zu schaffen, bat ich das Universum um Hilfe, wie ich im Einklang mit meiner kleinen Familie unseren Lebensunterhalt erwirtschaften könnte.

Die Antwort kam einige Tage später. Meine beste Freundin Susanne war zu Besuch und blieb ein paar Tage bei mir. Sie machte mir den Vorschlag, ich könne ja auch von zu Hause aus Arbeiten und Kinder betreuen im Alter von meiner Tochter. Sie hätte Kinder zum Spielen und ich einen Job, wo ich Familie und Beruf unter einen Hut bringen könne. Doch dafür müsste ich meinen alten Job aufgeben. Ich dachte keine Sekunde lang darüber nach und sagte sofort JA!

Diese Idee war super, doch wie stellte ich so etwas an? Natürlich begann gerade eine neue Ausbildungsgruppe im Bereich Frühpädagogik und ich schrieb mich dafür ein. Meine Tochter Helen konnte ich mitnehmen zu den Ausbildungstagen. Das erste Mal nach langer Zeit hatte ich das Gefühl etwas zu tun, was uns alle glücklich macht.

Und so fing ich an eine eigene Krippe zu eröffnen und machte Zusatzschulungen bei SOS – Kinderdorf mit und studierte abends, wenn Helen schlief, noch an der Fernuni Pädagogik und das sehr erfolgreich. Das Universum schickte mir eine Fügung nach der anderen und ich erkannte meine Chance hier zu wachsen.

Meine Seele führte mich Schritt für Schritt. Nebenbei las ich die Werke von Doreen Virtue, Louise L. Hay mit ihrem Buch: "Wahre Kraft kommt von Innen!" und natürlich Kurt Tepperwein, bei dem ich mich an der „Internationalen Akademie der Wissenschaften" als Schülerin einschrieb.

Ich lernte unglaublich viel und alles über die universellen Gesetze, ich verschlang sie regelrecht und parallel machte ich die Ausbildungen zur Reiki-Lehrerin, Lehrer für schamanische Heilwesen und viele weitere Ausbildungen als Heilpraktikerin, Hypnosetherapeutin, Psychotherapie und die traditionelle chinesische Medizin mit Akupunktur (natürlich alles im Laufe der letzten Jahre). Ich verstand, dass, wenn ich mich weiter entwickeln wollte, es ganzheitlich tun muss. Damit meine ich, alle Aspekte in meinem Leben zu integrieren und sie in ein Gleichgewicht zu bringen.

Ich hatte dafür 50 Jahre Zeit alles nach und nach zu lernen.

Natürlich muss man nicht den gleichen Weg gehen, es geht auch anders, doch es ist und war mein Weg, der mich lehrte, dass alles ein Teil von mir ist und ich ein Teil von allem! Das erinnert mich an den Satz meines verstorbenen Vaters:" Das Leben ist kein Wunschkonzert." Heute denke ich, doch, das Leben ist ein Wunschkonzert, wir müssen nur lernen es zu dirigieren und lernen die verstimmten Instrumente wieder zu stimmen. Die meisten Menschen haben nie gelernt zu dirigieren und deshalb spielt ihnen das Leben so komische Töne. Dieser alte Aberglaube: „Das Leben ist kein Wunschkonzert", darf jetzt endlich aufgelöst werden. Denn, je mehr ich lerne zu dirigieren, umso mehr spielt es immer mehr das, was ich hören und sehen möchte. Und von Tag zu Tag werden wir besser darin, dem Leben die richtigen Anweisungen zu geben. Auch ein Dirigent hat das Dirigieren eines Orchesters gelernt damit es sich stimmig anfühlt und im Einklang spielt.

Ich war froh und dankbar für alle Dirigenten und für alle Instrumente, die noch gestimmt werden wollten. Damit meine ich: "Danke an alle meine Mentoren und alle meine Lebensaufgaben und Lebenserfahrungen, die ich heute als die besten und größten Geschenke sehe, die mir das Universum je machen konnte, um zu mir selbst zu finden und die Reise zu mir selbst anzutreten.

**Ja, „DIE BESTE VERSION MEINER SELBST ZU WERDEN!" Eine Einheit in mir wieder zu erschaffen.**

Wichtig ist, sich bewusst zu werden, dass wir die ganze Zeit dem Leben Anweisungen geben. Die meisten Menschen im 3D (**Erklärung für 3 D bis 5D weiter hinten im Buch**) Bewusstsein sind sich dessen leider noch nicht bewusst. Sie denken, dass ihr Leben so ist wie es ist, und dass was sie denken und glauben, und was die meisten Menschen erfahren normal sei. Den stärksten Weg in deinem Leben geht's du in deinem SO-SEIN. In dem du bewusst denkst, fühlst einfach bist in deiner puren Lebensfreude und somit in deiner wundervollen Schöpferkraft. Mir wurde vor kurzem die Frage gestellt:

"Sabine, wie komme ich in meine Schöpferkraft, wie lerne ich das zu manifestieren was ich will?"

Meine Antwort darauf war:" Du bist immer in deiner Schöpferkraft!" Alles was du glaubst zu sein, alles was du denkst und fühlst und alles was du in Gedanken siehst ist bereits da! Und je stärker deine Emotionen dafür sind, umso schneller wird es sich manifestieren im Außen. Und das gilt für alles in deinem Leben, was du dir vorstellen kannst. Denn wenn du es dir vorstellen kannst, dann ist es bereits da.

Deine Entscheidung liegt dann ganz und gar darin, welchen Weg du gehst. Wenn du dir das eine Szenario in deinem Kopf vorstellen kannst, dass vielleicht mit Wut und verschiedenen Ängsten zu tun hat wie z.B. den Partner an eine andere Frau zu verlieren, das jemand anderes als du die Beförderung erhält oder das Geld hart zu verdienen ist, und nie genug davon da ist, dann wird sich das auch im Außen manifestieren.

Wenn du dich aber stattdessen dafür entscheidest, deinem Partner Liebe und Vertrauen zu schenken, weil du dich selbst liebst und du auch selbst ein liebevoller und vertrauensvoller Partner bist, oder du gehst einem Job nach, der dir viel Freude bringt. Dieser sollte sich nicht anfühlen wie harte Arbeit! Durch deine Freude bringst du jedem Unternehmen, für das du arbeitest, viel Geld ein! Denn glückliche Mitarbeiter sind effektive Mitarbeiter, dann brauchst du dir auch keine Sorgen darüber zu machen, dass es dir jemals an Geld mangelt.

Das, was du im Außen suchst, ist bereits alles in DIR! Und nur du allein bist dafür verantwortlich, was du in dein Leben ziehen möchtest. Alles beginnt in dir! Wenn du Liebe willst, dann sei die pure Liebe! Lebe in Selbstliebe und lebe deinen Selbstwert. Du darfst dir jeden Tag die Frage stelle, was bin ich mir selbst WERT! Denn Erfüllung ist das, womit du dich jeden Tag nährst!

Mit welchen Gedanken er-füllst du dich/ er-nährst du dich heute und mit welchen Gedanken hast du dich schon in deinem Leben genährt!

Und so kannst du dir diese Frage nicht nur über deine Gedanken stellen, sondern auch über deine Freunde, Arbeit und Arbeitskollegen, Familie/ Familiendramen, deinen Partner, Musik, Medien wie Radio, Fernsehen und Zeitungen oder auch Bücher und welche Art von Büchern, Horror oder Liebes-Romane, Science Fiction oder Persönlichkeits-entwicklung etc.., die Nahrungs-mittel die du jeden Tag isst und trinkst, wie fühlt sich dein Sexualleben an, erfüllt es dich und macht es dir Spaß oder raubt es dir deine Energie.

Wo sind deine Energieräuber und wo sind deine Energiespender in DIR und in deinem Umfeld? Was hält dich davon ab, in Freude und Glück zu leben? Ist es wirklich wahre und pure Freude, für ein Haus die Hälfte seines Lebens hart zu arbeiten von morgen bis abends und zu hoffen, dass du endlich frei bist und leben kannst, wenn du in Rente bist? Oder kannst du es auch jetzt schon?

Warum hast du dir dein Leben bis heute denn nicht so eingerichtet in Freude zu leben und nicht nur ein bis zwei Stunden am Tag, sondern die allermeisten Stunden am Tag?

Wenn wir 24 Stunden am Tag haben, 8 Stunden schlafen wir im Durchschnitt und 16 Stunden sind wir wach und davon sollten dir die allermeisten Stunden davon viele Freude bereiten. Doch wie sieht es bei den meisten aus? Wie sieht es bei dir aus?

Sie stehen Morgens auf, hetzen sich ab für die Arbeit, schmieren Brote für die Kinder, bringen sie schnell in die Kita oder Schule (davon gehen schon meist 1 bis 2 Stunden drauf), um dann noch im Anschluss auf die Arbeit zu fahren, die den meisten Menschen nicht wirklich Freude bereitet und Energie raubt.

Eine Arbeit, der man jeden Tag zwischen 8 bis 10 Stunden nachgeht, um danach noch einkaufen zu gehen, die Kinder wieder abzuholen, wenn es nicht schon jemand anderes gemacht hat. Um dann noch essen zu kochen, den Haushalt zu machen, noch etwas Zeit mit den Kindern zu verbringen (obwohl die meisten dies dann auf das Wochenende oder auf die Urlaube verschieben).

Zum Tagesabschluss schläft man dann vor dem Fernsehen oder man fällt müde ins Bett, nachdem man vielleicht noch geduscht hat.

Mal ehrlich, in wie vielen Familien oder bei wie vielen Alleinerziehenden sieht so oder ähnlich der Alltag aus?

Ich war glücklich, wenn meine Eltern mal an den Wochen-enden oder im Urlaub Zeit mit uns ver-brachten.

Wir formen so ein ganzes System, indem wir gelernt haben uns mit so einem Leben abzufinden und es als „NORMAL" und „GUT" anzusehen. Von so vielen Menschen vor allem alleinerziehenden Frauen oder Familien, bei denen noch nicht mal zwei Einkommen mehr ausreichen, um sich zu ernähren, die sogar mehrere Jobs haben, um die Kosten wie Miete und Essen decken zu können, die nach Rabattmarken und Gutscheinen Ausschau halten, um die vielen billigen Lebensmittel zu kaufen, damit die Kinder satt werden, egal wie!

Wo frisches Obst und Gemüse Luxus ist, statt das es zu dem wichtigsten Lebensmittel gehört, die in Hülle und Fülle für alle auf dem Tisch sein sollten und die sich jeder leisten kann.

Ich wurde gefragt, ob mir meine Arbeit immer Freude bereitet. Hier kann ich heute ganz klar sagen „JA!" Doch das war nicht immer so, ich gehörte auch zu den Menschen, die zuerst den Weg gegangen sind auf Sicherheit. Ich ging in die Handelsschule und Wirtschaftsschule und besuchte die Fachhochschule für Wirtschaft, weil mein Vater studierter Kaufmann war und Journalist.

Ich lies mich bequatschen und wurde eines Besseren belehrt. Es war schrecklich eintönig und trocken, BWL, VWL und Wirtschaftsrecht sowie Buchhaltung bestimmten eine Zeit lang mein

Leben am Bürotisch (mir war damals noch nicht bewusst, dass ich wirklich die freie Wahl hatte).

Bis ich immer kränker wurde und mein Körper sich richtig sträubte morgens um 6 Uhr aufzustehen, um dann um 7.30 Uhr im Büro zu sein, und mich für die Meetings des Tages vorzubereiten.

In meinen Gedanken malte ich mir immer wieder aus, wie es ist mit Menschen zu arbeiten, zu unterrichten, Medizin zu studieren und die Welt zu bereisen und andere Völker kennen zu lernen. Mein Körper rebellierte immer mehr, ich verlor oft meine Stimme, hatte oft mit Übelkeit und Erbrechen zu tun und ständig hatte ich Lungen und Atemwegsinfekte.

Noch deutlicher konnte mir meine Seele nicht sagen, dass ich nicht den Weg gehe, der für mich bestimmt ist. Was ich hier lernen durfte und das auf die harte Tour, war, alles was mir nicht Gut tat „NICHT FÜR MICH BESTIMMT WAR" und das alles was mit Gut tat" FÜR MICH BESTIMMT WAR UND DEM WEG MEINER SEELE ENTSPRICHT!"

Ich durfte lernen, dass ich auf meinem Navi, wieder kehrt machen musste, weil ich falsch abgebogen bin. Ich durfte auch lernen, dass die meisten Geschenke genau darin lagen, dies zu erleben, um herauszufinden, wer ich bin und was ich will!

Die wahre Schöpferkraft für mich entstand nach und nach aus meiner Freude heraus. Ich durfte lernen, dass das, was ich in Freude erlebte und erschuf noch mehr Liebe und Freude brachte und natürlich auch mehr Geld in meinem Beruf.

Du allein entscheidest, was dir Freude bereitet und was dich glücklich macht. Werde dir bewusst, dass du dich dafür jetzt öffnen darfst, das Leben ist ein Geschenk. Du hast dein Leben bekommen, damit du Freude hast und nicht damit du es „irgendwie rum-bekommst oder halbwegs durchkommst!"

FREUDE ist der Sinn des Lebens, du hast es bekommen, damit du Freude und Glück erfährst, damit du Spaß hast und es genießen kannst. Doch was du auch mit-bekommst, wenn du inkarnierst, ist ein eigener freier Wille. Und das Universum überlässt dir, ob du dein Leben so leben möchtest, wie es deiner Natur entspricht oder ob du noch andere Erfahrungen sammeln möchtest in Form von Wut, Schmerz, Leid, Krankheit, Armut, Eifersucht etc...

Wie gebrauchen wir denn unseren freien Willen? Im Einklang mit dem göttlichen Willen, im Einklang mit dem Kosmos und allem was ist, wie den Tieren und Mutter Natur? Der göttliche Wille entspricht dem, dass du dazu bestimmt bist, ein Leben in Frieden und Liebe und Glück und Reichtum zu leben mit allem was ist, in Achtsamkeit mit dir und allen Lebewesen, denn du bist ein Kind des Göttlichen, du bist ein Lichtwesen voller Liebe. Und es ist so wichtig, sich dafür zu entscheiden.

Für was hast du dich denn bereits entschieden? Werde dir bewusst, dass du immer die Wahlfreiheit hast in jedem Augenblick deines Lebens. Im erhöhten Bewusstsein ist es dir bewusst, dass du Wahlfreiheit hast. Welche Entscheidungen hast du für dich getroffen?

Ein Leben voller Freude oder hast du andere Entscheidungen getroffen, die jenseits der Freude liegen, weit weg von dem was du wirklich willst? Im Erwachungsprozess wird uns bewusst, dass wir immer die freie Wahl haben, dass wir Verant-wortung übernehmen müssen für unsere Ent-scheidungen und die Konsequenzen.

Nur die kleinsten Veränderungen in unseren Gedanken, können schon eine riesige Auswirkung auf unser direktes Umfeld und somit auch auf das gesamte Universum haben. Nur der kleinste Gedanke, kann uns schon dazu bringen, glücklich zu sein, Liebe zu empfinden, Mitgefühl zu entwickeln und Dankbarkeit zu zeigen. Wobei Dankbarkeit ein wichtiger Schlüssel dafür ist, für das was ist und was nicht ist!

Bist du wirklich bereit dafür den Weg der Freude zu gehen und aus der Freude Entscheidungen zu treffen?

Bist du bereit dafür den Weg der Dankbarkeit zu gehen für ALLES was dir bisher das Leben geschenkt hat?

Bist du bereit dafür auch endlich in Liebe und Freude zu empfangen? Dann schreib es auf: "Ich bin bereit zu empfangen und den Weg der Freude zu gehen in Dankbarkeit für alles WAS IST und für alles WAS NICHT IST!

Es ist so einfach, wenn wir uns wirklich bewusst sind, dass es EINFACH ist, dass wir der Schöpfer sind und dass es allein in unserer Hand und Verantwortung liegt was und wie wir unser Leben gestalten.  Du hast das Beste verdient im Leben, lebst du auch dein Bestes?

Bist du der beste Beitrag in und für diese Welt? Wie lebst du und was hinterlässt du?

Je mehr du in der Freude lebst, desto mehr wirst du merken wie sich deine Intuition, deine Kreativität, deine Energie erhöht.

Freude ist die reine schöpferische Kraft, Dankbarkeit ist die Ausführende Kraft und setzt in Gang. Wenn Menschen in der Freude sind, dann können sie alles kreieren und manifestieren, denn die Freude verbindet sie direkt mit dem göttlichen SO-SEIN! Umso mehr wir in der Freude sind, umso mehr wirkt das göttliche durch uns durch.

Wenn wir bereit sind und uns vollkommen für die Freude entscheiden, dann kreieren wir uns ein wahrhaftiges und wundervolles Paradies, und nicht weil wir so hart gearbeitet haben.

Das heißt nicht, dass man nichts tun muss, doch es kommt auf die Energie an, in der du etwas tust, so wie ich hier dieses wundervolle Buch schreibe, das durch mich hindurchfließt, in Leichtigkeit und Freude und eingetippt werden möchte. Nicht ich schreibe, sondern etwas, was durch mich hindurch fließt schreibt dieses Buch und es macht so viele Spaß mich dieser Kraft hinzugeben, und das Schreiben zu genießen. Meine Energie ist unendlich und ich bin Dankbarkeit und Energie, dieses Buch hier zu mir fließen zu lassen und damit auch zu dir. Das göttliche fließt durch mich hindurch, weil ich ihm Raum gebe und meinen Kanal zur Verfügung stelle, damit es fließen kann.

# Gleichgewicht und Heilung auf allen Ebenen

Im Kapitel davor ging es um das machtvolle Potenzial, welches in jedem Menschen schlummert und gelebt werden möchte und dass zu gleichen Teilen. Die meisten Menschen hatten in ihrem Leben die Gelegenheit bestimmte Anteile/Aspekte ihrer eigenen Persönlichkeit zu entwickeln, während andere Teile viel zu kurz kamen oder sogar gar nicht gelebt worden sind. Und wenn dadurch zum Vorschein kam, dass wir auf Ablehnung und Kritik stießen, wenn wir ganz bestimmten Ebenen unserer Persönlichkeit Ausdruck verleihen wollten, oder aber, dass wir nicht wussten wie!

Manche dieser Ebenen bedürfen da vielleicht besonders der Heilung, weil wir dort vielleicht ein Trauma erlitten oder verletzt worden sind. Hier ein Beispiel dafür, was mich in meiner Kindheit sehr stark geprägt hatte, weil ich so erzogen worden bin. Ich wurde getauft ohne dass ich gefragt wurde, ich musst zur heiligen Kommunion und fand den strengen katholischen Unterricht als sehr belastend, ich hatte sogar Alpträume von unserem Pfarrer, der immer mit der Hölle drohte, wenn wir unaufgefordert lachten oder heimlich tuschelten, oder anderer Meinung waren.

Denn andere Meinungen wurde nicht akzeptiert, ich lernte es gibt nur einen Gott und eine Hölle und wenn ich nicht das täte, was von mir verlangt wurde, dann wäre ich ein Kind der Hölle.

Die Kommunion erlebte ich als Trauma. Mein Kleid, das mir viel zu eng war, ich nicht atmen konnte darin, wurde nicht gehört von meinen Eltern. Egal wie oft ich es sagte, ich wurde immer überhört. Letztendlich bei der großen Kommunions-Zeremonie, vorne am Altar, riss mein Kleid von oben bis unten auf, beim Bücken nach meinem Kommunionssäckchen. Ich stand halb nackt da. Alle fingen an zu lachen und es brach ein Riesengelächter von Seitens der anderen Kinder aus, ich weinte und verkroch mich hinter dem Altar.

Meine Eltern lachten ebenfalls kurz. Sie kamen zu mir hoch und holten mich dort raus. Meine Oma war damals die Einzige, die mich in den Arm nahm und nicht lachte. Sie ging mit mir in einen Nebenraum und nahm diese Anstecknadeln und steckte mein Kleid zusammen. Mein Vater fuhr nach Hause und brachte mir neue Kleider. Es war schrecklich. Ich dachte mir damals, wie konnte Gott nur zulassen, dass alle so sehr über mich lachten.

Ich war wütend und mein Kopf sagte mir, dass Gott anscheinend Kinder nicht leiden mag, sonst würde er doch niemals so etwas zulassen.

Genauso würde er auch nicht so einen schrecklichen Unterricht zulassen, wo man damals noch (vor allem die Jungs) Backpfeifen bekam, wenn man nicht spurte.

Diese spirituellen Über-zeugungen, wie sie von der Familie und der Kirche gelebt worden waren, waren nicht meine! Ich wollte mich nicht damit anfreunden, dass ich bei jeder Kleinigkeit ein weiteres Ticket für die Hölle bekam.

Jahre vergingen und ich mied die Kirchen für eine sehr lange Zeit, bis ich damals einer tollen Theologin über den Weg gelaufen bin in Trier, die sich zu mir auf die Bank im Park setzte und mich fragte, was mich den bedrücken würde.

Meine Mutter war zu diesem Zeitpunkt bereits verstorben. Ich war 20 Jahre jung und ich war leer. Ich muss dazu sagen, ich hatte das nächste traumatische Erlebnis zu verdauen.

Wir kamen ins Gespräch, sie machte Urlaub in Trier und viele die mich und meine Familie kennen, wissen das meine Mutter von der Mosel kam und in Trier und Umgebung aufgewachsen ist. Ich war als Kind oft Ferien in den Weinbergen bei meiner Familie mütterlicher Seite. Ich erzählte ihr meine Geschichte und jetzt auch dir.

Meine Mutter war eine großartige Frau, sie hielt sich nicht so gerne, im Gegenteil zu meinem Vater, an die strengen Regeln der katholischen Kirche. Sie glaubte an mich und ermutigte mich, nach der Trennung von meinem Vater, meine Träume zu leben. Sie sagte immer zu mir:" Mein Schatz, deine Träume sind das Paradies, wo niemand dich jemals vertreiben kann, traue dich, deine Träume zu leben, ich tat es leider nie!"

Nach der Trennung von meinem Vater hatte meine Mutter eine Menge Pech mit den Männern, sie zog ständig Männer in ihr Leben die sie ausnutzten und schlugen, so auch der letzte Mann, mit dem sie zusammen war, bevor sie sich dazu entschlossen hatten, sich das Leben zu nehmen. (Sie lebte ihren Selbstwert nicht).

Sie hatte es schon mal versucht, vor vielen Jahren, als sie noch mit meinem Vater zusammen war. Mein Vater war nicht nur sehr streng, er schlug meine Mutter und auch uns Kinder. Wenn wir nicht gehorsam waren oder gute Noten mit nach Hause brachten, dann bekamen wir eine Tracht Prügel oder Kopfnüsse.

Es war im Frühling, im Frühjahr 1991. Es war Faschingszeit und meine Mutter hatte sich zuvor von einem Mann getrennt, für den sie eine Menge Schulden aufgenommen hatte, um sein Haus zu renovieren, in das sie mit eingezogen war.

Doch nachdem alles renoviert war, schmiss er sie aus dem Haus. Meine Mutter rief mich abends von einem Hotel aus an. Sie weinte schrecklich. Sie bat mich, dass ich sie am nächsten Morgen dort abholen, und fragte mich, ob sie in meiner Wohnung leben könne, bis sie eine gefunden habe. Für mich war das selbstverständlich, für meine Mutter da zu sein und so holte ich sie mit meinem damaligen Freund ab und brachte sie erst mal in mein kleines 1,5 Zimmer-Studentenappartement, wo ich allein wohnte. Wir unterhielten uns eine Zeit lang und sie telefonierte auch in dieser Zeit mit ihren Geschwistern, die in der Nähe von Trier wohnten.

Ihre Schwestern schlugen ihr vor wieder nach Hause zu kommen, denn sie hätten ja noch eine leerstehende Wohnung. Alle dachten damals, dass sich meine Mutter in den nächsten Zug setzt und nach Trier fährt, um dort von ihren Geschwistern (2 Schwestern und ein Bruder hatte meine Mutter) abgeholt zu werden. Doch sie kam nie an!

Abends klingelte das Telefon bei meinem damaligen Freund, und die Schwester meiner Mama war am Telefon. Sie fragte mich, ob ich wüsste, was mit meiner Mama sei, ob sie sich wieder mit ihrem Freund vertragen hätte. Sie fragte mich, ob ich weiß, wo sie ist, da sie nicht mit dem Zug in Trier ankam. Zum damaligen Zeitpunkt waren Mobiltelefone noch nicht verbreitet.

Ich fuhr nach diesem Anruf sofort zu ihrem Appartement, mit meinem damaligen Freund. Wir stellten seltsamer-weise fest, dass eines der Fenster auf „KIPP" gestellt war im Erdgeschoß.

Mein Freund kletterte von außen auf die Fensterbank und öffnete das danebenliegende Fenster, um in die Wohnung meiner Mutter zu gelangen. Er öffnete mit bleich und verstört die Türe und sagte zu mir völlig außer sich: "Geh besser nicht hinein, wir müssen sofort die Polizei rufen! Sie liegt tot auf dem Sofa!". Für mich brach in diesem Moment eine Welt zusammen. Ich rief zitternd und weinend die Polizei an. Ich rief meinen Vater an der völlig entsetzt am Telefon war und natürlich meine Schwester, die bei ihrem damaligen Partner lebte. Meine Schwester schrie am Telefon und ich hatte einen völligen Nervenzusammenbruch.

Ich hatte das Gefühl, das ich nichts mehr fühlen konnte, dass das, was passiert ist nur ein schlimmer Alptraum war, aus dem ich endlich aufwachen wollte. Es kam auch die Hausärztin unserer Familie, da sie den Totenschein ausstellen musste.

Mein damaliger Partner fuhr mich nach Hause, meine Schwester und mein Vater kamen mit uns. Von dort aus, riefen wir natürlich unsere Familie in Trier an.

Die kleinste Schwester meiner Mutter hatte einen völligen Nervenzusammenbruch und schrie und weinte und mein Opa, der Vater meiner Mutter, stand unter Schock.

Sie kamen noch in dieser schrecklichen Nacht zu uns gefahren.

Die Theologin, ich glaube sie hieß Ulli, hörte mir sehr intensiv zu. Ich machte mir schreckliche Vorwürfe, warum ich nicht eher die Zeichen gesehen habe, und warum ich nicht früher nach ihr schaute, ich dachte, ich hätte sie vielleicht noch retten können. Doch die Theologin Ulli sagte zu mir sehr liebevoll: "Deine Mutter hat es so gewollt, es war ihr freier Wille, ihre Entscheidung, für sich das Leid, was sie lebte, zu beenden. Für deine Mutter hat es viel Mut und Überwindung gekostet, diesen Schritt zu gehen und sich für einen anderen Weg zu entscheiden."

Meine Mama hatte auch noch einen Brief hinterlassen bzw. eher einen Zettel hinterlassen, indem sie noch vor ihrem Ableben aufschrieb, das es Zeit ist zu gehen und dass sie diesen Schritt schon viel früher gehen wollte, sich von diesem Leben zu verabschieden. Doch war es ihr sehr wichtig, dass wir Kinder erst auf eigenen Füßen stehen, bevor sie geht!

Ich versuchte damals zu verstehen, was der Freie Wille ist. Dennoch fiel es mir sehr schwer, mir nicht die Schuld dafür zu geben, sie nicht rechtzeitig gerettet zu haben, sondern zu erkennen, dass jeder

Mensch genau das in sein Leben zieht, wofür es sich entscheidet.

Mich quälte noch etwas sehr in meinem Leben. Die Geschwister meiner Mutter und auch mein wundervoller Opa, baten mich, niemals darüber zu sprechen und niemandem etwas von dem Suizid zu erzählen. Und schon gar nicht dem katholischen Priester, der für die Beerdigung und die Predigt zuständig war.

Denn, wenn ich etwas erzählte und darüber sprach, sagte mir meine Familie daraufhin, dass meine Mutter nicht auf dem Familien-friedhof beerdigt werden würde, denn da kommen Selbstmörder nicht hin, da sie es nicht verdienen würden, beerdigt zu werden in heiliger Erde, in geweihter Erde zu ruhen, solche Seelen gehören in die Hölle. Und da war wieder die Angst vor der Hölle.

Ulli, die Theologin und ich unterhielten uns noch sehr lange darüber. Sie zeigte mir zum ersten Mal in meinem Leben eine völlig andere Sicht von Gott. Sie sagte: "Gott ist gnädig und Gott urteilt nicht. Gott würde meine Mutter genauso lieben, wie jeden anderen seiner Schäfchen." Sie eröffnete mir eine völlig andere, neue Sicht und versicherte mir, dass meine Mama wieder inkarniert und im nächsten Leben entweder die göttliche Gnade erfährt oder die Chance hat, ihre Lernaufgaben nochmals anzugehen.

Ich musste das erst mal verdauen und verstehen lernen. Dank dieser wundervollen Theologin, die mir versicherte, dass meine Mutter nicht in der Hölle landete, mit der Bitte mir therapeutische Hilfe zu suchen, der mit mir diese Themen aufarbeitet, haben wir uns dann verabschiedet.

Ich holte mir Hilfe! Doch bis hin zu meinem ersten Termin, vergingen noch Monate. So kaufte ich mir, als Selbsthilfe, die ersten Bücher über Persönlichkeitsentwicklung, die hermetischen Gesetze und Riten und Brauchtümer andere Völker dieser Erde. Ich durfte sehr intensiv lernen, dass jeder Mensch für sich selbst und auch für seine Entscheidungen, die Verantwortung trägt. Ab einem bestimmten Alter und Lebensabschnitt, gehen Menschen ihren eigenen Weg.

Zumindest denken das viele von uns. Im Laufe der letzten Jahre und durch meine zahlreichen Studien und auch das Studium der Psychotherapie ließen mich erkennen, dass es einen freien Willen gab. Und so konnte ich im Laufe der letzten Jahre, auch Frieden damit schließen.

Meine emotionalen Wunden waren noch nicht ganz ausgeheilt. Mir wurde bewusst, dass ich viele Themen meiner Mutter übernommen habe, ohne dass es mir wirklich bewusst war. Und so habe ich in meiner Ahnenlinie beschlossen, diese Themen endlich aufzulösen. Mir war bewusst, dass ich das

Karma und die Lernaufgaben auf unser Ahnenlinie weitergeben würde. Ich lebte weiter und zog natürlich ähnliche Männertypen an wie meine Mutter, die dem Typus meines Vaters entsprachen. Mal mehr, mal weniger heftig.

Mit jedem Mann/ Partner/ Freund/ Arbeitskollege/ Chef, der in mein Leben kam, und mit dem ich eine Beziehung einging, kamen auch die Lernaufgaben auf mich zu. Ich erlebte die volle Bandbreite an Leid, bis hin zu körperlicher und psychischer Gewalt.

Diese Erfahrungen zog sich so lange durch mein Leben, bis ich erkennen durfte, wo mein Selbstwert war, was war ich mir selbst WERT!

Wo waren meine Grenzen?

Wo war mein freier Wille, den ich immer bereit war, abzugeben. Selbstermächtigung!

Ich ging in die Selbstermächtigung und in die Selbst-liebe und war nicht mehr weiter bereit, meine Macht einfach abzugeben.

Ich war nicht mehr dazu bereit, das andere Menschen über meinen freien Willen hinweg und über meine freie Zeit bestimmten.

Und so eckte ich natürlich bei vielen Menschen an, wenn ich das Wort: „NEIN!" aussprach und somit zu mir ein klares: "JA!" sagte.

Heute erkenne ich in jeder Beziehung und Freund-schaft die Lern-Geschenke, was diese mir auf meinem Lebens-weg mitgeben.

Nun bin ich in den 50iger angekommen. Wenn ich zurückblicke, bin ich unendlich dankbar für viele meiner Lernaufgaben. Ich habe vor allem gelernt, mir zu vergeben für alle Emotionen, die ich viele Jahre in mir getragen habe. Angefangen von Wut, Anschuldigungen und Groll, bis hin zu Verzweiflung und Trauer die mich immer wieder in eine Opferrolle katapultierten. Durch diese Opferrolle gab ich mir und meinem Umfeld einen Grund, warum ich immer krank war und kein Glück mit Männern hatte. Das war der einfachste Weg für den Moment.

Doch wenn du deiner Seele begegnest und ihr Raum gibst sich zu entfalten, dann merkst du ganz schnell, dass eine Schein- und Opferwelt, niemals zu deiner Wahrheit führen kann.

Ein weiterer Mensch der mir damals (außer der Theologin) die Augen öffnete, war Kurt Tepperwein. Durch ihn bekam ich eine andere Sicht auf mein Leben und was der Sinn des Lebens und der meiner Inkarnation war. Bis heute bin ich ihm von ganzem Herzen dankbar, für das Wissen, was ich ebenfalls an meine Schüler und Klienten heute weitergeben darf.

Für den inneren und auch äußeren Heilungsprozess gibt es keinen einheitlichen Weg. Denn jeder Mensch ist anders und folgt seinem einzigartigen Entwicklungsweg oder auch Seelenplan. Wir können in beliebiger Reihen-folge oder auch nacheinander uns unseren Seins-Aspekten widmen, oder auch allen vieren gleichzeitig.

Das Leben selbst ist es, welches uns durch diesen Prozess hindurchführt. Das Leben geschieht durch uns hindurch. Manchmal brauchen einige Ebenen vorübergehend etwas mehr Aufmerksamkeit und Hingabe als andere, je nach Thematik, die sich uns zeigt. Ich persönlich meditiere täglich auf unterschiedliche Weise. Viele fragten mich, wie ich es denn schaffe, regelmäßig bei meinem Terminkalender zu meditieren und abzuschalten.

Für mich gibt es nicht den einen Weg, manchmal habe ich Tage, da bin ich stundenlang am Wandern, ohne zu denken, ich genieße die Natur und die Tiere und das Meer jeden Tag und manchmal singe ich und tanze.

Ich mache Sport oder Yoga und praktiziere gerne regelmäßige Atemübungen. Hin und wieder lege ich mich auch mal hin und lausche tollen Frequenzen. Was mir besonders viele Freude bereitet sind meine wundervollen Töchter, sie zu beobachten, ihnen die Welt zu zeigen, sie zu stärken in ihrem Sein. Und sehen zu können, wie sie es genießen, liebevoll mit unseren Katzen zu spielen.

Ich liebe es sehr die Katzen zu streicheln. Das Schnurren ist Genuss und Entspannung pur. Es macht mich glücklich und daraus ziehe ich jeden Tag meine Kraft und Dankbarkeit für alles was ist. Sie sind Lebewesen, die sich dazu entschieden haben, bei uns zu bleiben.

Ab und zu gehe ich natürlich auch zu einer Kollegin, die mich in besonders stressigen Zeiten wieder sortiert. Wir unterstützen uns gegenseitig und das ist auch wichtig. Sich gegenseitig auszutauschen, blinde Flecken zum Vorschein zu bringen und zu reflektieren.

Auf dieser Reise zu sich selbst, wie ich sie gerne nenne, folgt jeder seinem ganz persönlichen Pfad. Wir alle befinden uns auf einer Evolutionsreise. Doch die meisten Menschen werden sich erst dessen bewusst, wenn sie in einer Erwachens-Phase erkennen, dass das Leben ein wundervolles Spielfeld ist, auf dem wir uns austoben dürfen. Um zu Lernen und zu Wachsen.

Diese wundervolle Phase des Erwachens kann sich gleichzeitig oder nacheinander auf den Ebenen ereignen.

Wie erlebt man denn so eine Phase des Erwachens? Wie fühlt es sich an zu Erwachen? Was passiert dabei? Mir wurden so viele Fragen darüber gestellt.

Nun ja, ich antworte an dieser Stelle:" Du wirst es merken und fühlen. Indem, das du verstehst und nicht nur weißt! Ein Gefühl ist nicht mehr ein Gefühl, wenn man es erklärt, dann wird es zu einer Erklärung. Bewusstheit führt zu Bewusstsein und Bewusstsein führt zu Wachstum.

Ich habe häufig erlebt in meinen Seminaren und Schulungen, dass Menschen auf einer meiner geführten Trommelreise diese Bewusstheit erleben, auch bei Hypnosesitzungen kommt dies öfter vor.

Und manchmal bedarf es auch nur eines Satzes oder eines Wortes für ein sogenanntes AHA-ERLEBNISS oder Aufwach-Erlebnis. Ich selbst habe es auch schon erlebt, durch Schlüsselsätze, wie ich sie gerne nenne, denn es sind Schlüsselerlebnisse, die dir den Schlüssel geben, um auf die nächsten Ebenen deines Bewusstseins aufzusteigen.

Sie unterstützen dich dabei, altes loszulassen und neue Türen aufzuschließen. Eines meiner Schlüssel-erlebnisse war auch eine Nahtod-erfahrung, oder besser gesagt zwei Nahtoderfahrungen die ich machen durfte, und im Krankenhaus erlebte. Bei einem anderen Menschen könnte der Prozess der Heilung, auch durch Ereignisse auf der emotionalen Ebene stattfinden.

Wie z.B. durch eine Scheidung/Trennung oder eine andere Krise, wo man durch psychologische Beratungen neue Einsichten gewinnt, über diesen Aspekt seines Lebens. Ein anderer Mensch erwacht zum Beispiel durch ein Buch, wie ich auch, auf der mentalen Ebene.

Auf gesundheitlicher Ebene (hier die körperliche Ebene gemeint) kann es auch sein, durch die Erfahrung einer Erkrankung, bei Sucht-problem oder einfach dem Wunsch etwas verändern zu wollen.

Oft ist es so, dass wenn wir auf einer Ebene erwacht sind, uns das Leben automatisch zur nächsten Ebene führt. Es sendet uns Lernaufgaben, und manchmal ist diese Herausforderung so groß, dass alle Ebenen gleichzeitig bedient werden wollen!

Meine Schwester zum Beispiel fühlte sich immer besonders von der körperlichen Ebene, der Leicht-athletik hingezogen. Bis heute lebt sie diese Ebene besonders stark und gibt dies an ihre Tochter weiter, die ebenfalls sehr tief diese Ebene lebt.

Doch was beide gleich haben, sind die Noten in der Schule und das auch noch in den gleichen Fächern. Ihre Tochter scheint dieselben Themen in der Schule, in denselben Fächern zu haben, wie meine Schwester auch, vor vielen Jahren. Hier sieht man ganz deutlich, welche Ebenen bis heute verstärkt gelebt werden und welche weniger oder gar nicht.

So sind die Themen „Geistige Gesetze" und „Spiritualität", Fremdsprachen und Bücher lesen bei ihr oder auch die Verbindung zu Mutter Natur ins Hinterzimmer verlegt worden.

Meine Schwester liebt die Natur, doch sieht sich nicht wirklich bewusst den Zusammenhang in der Einheit.

Ich kenne auch viele tolle und powervolle Geschäftsfrauen und Männer, die sehr erfolgreich ihre gesamte Energie darauf verwenden, eine Firma zu leiten und sehr viel Geld zu verdienen. Wobei ich den Fokus hier gerne auf das Geld verdienen lege. Denn dies steht an erster Stelle.

Sie sind Meister im Geld manifestieren, wofür gerne die Kombination der mentalen und physischen Ebene eingesetzt wird.

Doch um die wahre ER-FÜLLUNG zu finden, sollten alle 4 Ebenen ins Gleichgewicht gebracht werden bzw. in Harmonie. Denn alles bedingt einander. Ansonsten stellen sich irgendwann Gefühle von Leere, Blockaden, Frustration oder Sehnsucht ein, wenn einige Aspekte nicht gelebt oder zu wenig gelebt werden.

Menschen, die vielleicht körperlich sehr gut ent-wickelt sind, doch die emotionale und mentale

Ebene vernachlässigen, mögen stark genug sein, jedoch fällt es ihnen schwer ihre Gefühle und Gedanken auszudrücken. Es braucht ein Gleichgewicht, wenn du dies ignorierst, dann bekommst du Nachhilfe vom Schicksal.

Für ein zufriedenes und auch erfülltes Leben ist es deshalb so wichtig, dass wir alle unsere Ebenen, in denen wir nicht im Gleichgewicht sind, ehrlich anschauen und konkrete Schritte unternehmen, um die Aspekte unserer Persönlichkeit zu entwickeln, die wir noch nicht oder zu wenig erforscht haben bzw. die noch nicht zu ihrem vollen Ausdruck gekommen sind.

Vielen Klienten fragten mich auch in einem meiner Seminare, wo bleibt denn da die kollektive Ebene, die ja auf dem gesamten Erdball völlig aus dem Gleichgewicht geraten ist. Einige sagten sogar, dass das Kollektiv daran schuld sei, dass ihr Leben so verläuft und das sie aus diesen Gründen sich nicht entwickeln könnten. Das Kollektiv, wie wir es nennen, haben wir mit unserer Lebensweise und unserem Konsum erschaffen! Einige Menschen bewusst, andere unbewusst!

Nun ja, da fällt mir ein schöner Satz ein, der in meinem Büro und in meiner Küche hängt.

**„SEI DU SELBST DIE VERÄNDERUNG, DIE DU IN DER WELT SEHEN MÖCHTEST!"**
*Gandhi*

Unsere westliche und moderne Kultur hat sich darauf fokussiert vor allem auf der materiellen Ebene Technologien zu erschaffen und Fortschritte zu machen und dabei die spirituelle und emotionale Ebene außer Acht gelassen.

Unsagbare Tierquälerei, Chemie und Pharmakonzerne, Erdölplattformen, Mono-kulturen, Chemtrails, Wetter-macher, Sterben der Meere und Gewässer, Abholzung der Regenwälder etc...

Die Erde verwüsten, verschmutzen, zerstören, vergiften und quälen, statt im Einklang mit allem zu leben was ist, statt die Natur und die Tiere und wichtige Mikroorganismen zu schützen!

Um endlich zu verstehen, dass wir nur im Einklang die Möglichkeit haben zu leben, und nicht in dem wir unsere Lebensgrundlage systematisch zerstören.

Der Mensch ist im Übrigen das einzige Lebewesen auf dem Planeten, dass seine Lebens-grundlage, „Mutter Erde", systematisch zerstört. Kein anderes Lebewesen, würde jemals freiwillig sein Umfeld zerstören!

Es mangelt in unserer Kultur an Spirit, an dem Gefühl für unsere Bestimmung, dem wahren Sinn des Lebens. Unsere Verbindung zur Natur und unser Gespür für alle Wechselbeziehungen zu Mutter Erde und damit zu allen Lebenswesen, haben wir verloren.

Wir haben und getrennt von allem was ist, das ist auch mit dem Trennungs-bewusstsein „3D" gemeint von dem weltweit gesprochen wird.

Diese spirituelle Leere, ist ein Teil der Ursache für die meisten unserer politischen, ökologischen und sozialen Krisen.

Veraltete Vorstellungen und Indoktrinationen, an denen immer noch viele festhalten, sind uns nicht mehr dienlich. Die politischen, religiösen und wirtschaftlichen Doktrinen, nach denen wir unser Leben ausgerichtet haben, funktionieren längst nicht mehr.

Unsere Starrheit zur technologischen Fixiertheit, auch wenn schon in vielen Bereichen sehr produktiv und nützlich, schadet heute mehr der Erde, als sie noch wirklich produktiv ist. Es ist wie mit dem Geld: Es ist neutral, genau wie diese Technologien. Es kommt immer darauf an, wofür sie verwendet und eingesetzt werden! Unsere Starre hat den Kontakt zu unserem Herzen und zu unserer Seele verlieren lassen. Teil des Ganzen zu sein, ist der Sinn des Lebens und genau dies zu erkennen. Doch wir haben unseren Sinn emotional für die Familie und das Leben in Gemeinschaft mit allem was ist verloren – und vor allem das Gefühl ein Teil des Ganzen zu sein!

Daher erleben wir derzeit ernsthafte emotionale und auch soziale Krisen, die durch die aktuelle Corona-Pandemie noch mehr zum Vorschein kommen.

Soziale Krisen auf psychischer Ebene und damit natürlich auch als Folge, auf körperlicher Ebenen.

Burn-out, Depressionen, Krebserkrankungen, Herzerkrankungen, Drogensucht, Alkoholismus, Gewalt auf allen Ebenen, Unterdrückung, Entfremdung - Angst, Angst, Angst, auf allen Ebenen, ist für viele Menschen zum Alltag geworden.

Durch das Inneren erleben manifestieren wir uns eine Welt im Außen, und somit auch im gesamten Kollektiv und für das Kollektiv!

Unser Planet ist überbevölkert, verschmutzt und vergiftet. Unsere natürlichen Ressourcen werden massiv aufgebraucht und zerstört. Da wir alle am kollektiven Bewusstsein der Menschheit teilhaben und wir alle ein Teil des Ganzen sind, überträgt sich jede Heilarbeit, die wir täglich mit uns selbst tun und in unserem direkten Umfeld tätigen, auch auf das Massenbewusstsein des Kollektivs.

Jeder Entwicklungsschritt den wir als einzelner gehen, trägt zur Evolution der Menschheit bei!

Allein aus diesem Grund ist es schon offensichtlich sehr wichtig, dass wir daran arbeiten, die 4 Ebenen in uns zu harmonisieren. Dies dient als Beitrag zur Heilung unseres gesamten Planeten. Sobald wir eine der Ebenen heilen, fördern wir zugleich die Entwicklung der anderen Ebenen.

Welche Ebenen hast du bereits in dir entwickelt und welche benötigen noch Heilung?

Nimm dir bitte einen Moment Zeit, um ehrlich in dich hineinzuhorchen, auf welcher Ebene noch mehr Heilung zum Ausdruck kommen möchte.

**Die emotionale Ebene:**

Wie lebst du Deine Emotionen?

Bist du in der Lage sie in angemessener Weise zum Aus-druck zu bringen?

Lebst du die gesamte Bandbreite deiner Emotionen oder schluckst du sie hinunter, schämst dich dafür oder du wirst von etwas zurückgehalten?

Wie ist dein Kontakt zu deinen Gefühlen? Kannst Du trauern, weinen, schreien wenn du wütend bist, bist du oft ängstlich?

Kannst du Liebe und Zärtlichkeiten leben und Freude empfinden oder findest du bestimmte Emotionen nicht in Ordnung?

Kannst du im Kontakt mit anderen Menschen Grenzen setzen und auch Vertrauen und Nähe herstellen?

Wie sieht es im Bereich deiner Familie und Freunde aus?

**Die mentale Ebene:**

Welche Gedanken bestimmen den ganzen Tag dein Leben, mehr negative oder mehr positive Gedanken?

Wie ist dein Wissenstand und bist du mit deinen intellektuellen Fähigkeiten zufrieden?

Kannst du klar denken oder hast du oft dieses Gedankenabreisen, das du vergessen hast, was du sagen wolltest?

Was sind deine Glaubenssätze?

Sind diese eher negativ oder positiv wie z.B. Warum ziehe ich immer wieder den gleichen, schrecklichen Typ Mann/Frau in mein Leben oder warum passiert mir immer dieser Mist oder denkst du: danke für die Lernerfahrungen mit diesen Menschen, sie sind ein Geschenk des Himmels die mich wachsen lassen!

Bist du offen für NEUES, d.h. für neue Sichtweisen, neue Konstrukte, neue Ideen etc...?

## Die physische Ebene:

Wie ernährst du dich?

Magst du deinen Körper? Und fühlst du dich gut aufgehoben in der materiellen Welt?

Bist du körperlich gesund und funktionieren alle deine Sinne wie hören, riechen, schmecken, tasten, sehen und der Gleichgewichtssinn?

Hast du Freude an der Sexualität?

Kommst du gut mit Herausforderungen zurecht?

Wie sieht es finanziell für dich aus, wie ist dein Kontostand?

## Und die spirituelle Ebene:

Stehst du im Kontakt mit deinem Höheren Selbst?

Weißt du überhaupt was das Höhere Selbst ist?

Spürst du eine tiefe Verbundenheit zur spirituellen Quelle, zum Universum?

Hast du einen Bezug und ein Gefühl – Empathie für jedes Lebewesen?

Erlebst du Momente, wo du das Gefühl hast, mit allem EINS zu sein?

Fühlst du, dass du ein Teil des Großen Ganzen bist?

Bist du in der Lage einige Zeit in Stille mit dir selbst zu verbringen, im SEIN ZU SEIN?

Hast du Kontakt zu deiner inneren Weisheit und Führung?

Durch diese Fragen kann man sehr schön feststellen in welchen Bereichen bzw. mit welchen Ebenen einen sehr engen Kontakt hat und welche Ebenen der Aufmerksamkeit bedürfen.

Notiere auf diese Fragen deine Antworten und wie die Ebenen erfahren werden im Hier und Jetzt!

Vielleicht stellst du dabei fest, dass einige Bereiche mehr Aufmerksamkeit benötigen, vielleicht sind es auch alle Bereiche, die Heilung und Entwicklung vertragen können.

Wichtig bei dieser Aufgabe ist, auf Widerstände zu achten, die dabei in dir auftauchen.

Bist du auch bereit, dass das, was dir nicht mehr dienlich ist und dir schadet auch loszulassen? Oder denkst du, dass du es noch nicht loslassen kannst! Vielleicht weil du noch den Kick brauchst der Drogen, wie die Zuckersucht, Alkohol, und Zigaretten. Gewohnheiten die sich ein-geschlichen haben. Vielleicht bist du auch ein Workaholic, der nicht aufhören kann zu arbeiten, aus Angst, er könnte den nächsten Deal versäumen oder aus Angst nie genug zu haben.

In diesem Fall auch mal auf deine Gedanken achten, wie denkst du über Geld? Mangelgedanken erzeugen Süchte wie auch: Sexsucht, Spielsucht, Sucht nach Essen, Sucht nach Aufmerksamkeit immer im Mittelpunkt stehen zu müssen etc...

Früher oder später werden wir entdecken, dass keiner dieser Methoden einen Mangel ausgleichen kann, der letztendlich spiritueller Natur ist. Wie schon beschrieben, die Ursache vieler persönlicher, sozialer und auch kultureller Krankheiten liegt in diesem Mangel verborgen.

Die vorrangigen Probleme des kollektiven Bewusstseins lassen sich nur lösen, in dem jeder einzelne Mensch die Verantwortung für sein Tun und Schaffen und damit meine ich seine Lebensweise und seinen Konsum übernimmt und das uneingeschränkt. Jeder ist Teil des Ganzen, damit meine ich ein Teil der Welt und bestimmt durch seine Gedanken und Taten und was er verkonsumiert, das gesamte Kollektiv.

Warum ich sehr gerne die spirituelle Ebene an die erste Stelle setzen möchte, beruht darauf, das Bewusstsein, für alles was ist, **Grundvoraussetzung** ist, für weiteres Wachstum. Indem, dass wir uns daran erinnern, wer wir sind und was unser Seelenplan ist.

Der Geist steht über der Materie. Alles was du dir letztendlich im Außen manifestierst, ist an erster

Stelle in deinen Gedanken entstanden. Also passe genau auf, wohin du mit deinen Gedanken zielst!

Wir können keine Heilung im Kollektiv erlangen, wenn wir nicht dazu bereit sind und selbst zu heilen.

Bewusstseinsarbeit kann manchmal eine sehr große Herausforderung sein, doch Heilung geschieht nur in uns, in der Tiefe.

Wann stellt sich spirituelle Heilung ein?

Spirituelle Heilung stellt sich dann ein, wenn wir dazu bereit sind, ehrlich mit uns selbst zu sein. Transparent zu sein, authentisch zu sein, wenn wir Wege finden eine bewusste Verbindung zu unserem Inneren Kern auf-zunehmen, die unser wahres Wesen darstellt.

Durch diese Verbindung, die ich in meinen Seminaren auch gerne in Trance- oder Trommel-reisen herstelle, erfahren wir das Eins-Sein mit allem was ist, mit allen Lebewesen und Mutter Erde. Wir bekommen ein Gespür dafür, wohin wir gehören und was unser Ursprung ist.

Einige Menschen kommen auch zu mir und wollen ihre Blockaden lösen durch Hypnose. Was auch vielen schon geholfen hat, in die Tiefen ihres Unterbewusstseins zu finden, und durch die Reisen zu sich selbst auch verstehen, warum sie hier sind, warum sie inkarniert sind, auf diesem wundervollen Planeten Erde.

Viele Menschen leiden an einer sozialen und spirituellen Entfremdung und ziehen dadurch auch oft Probleme und Konfliktsituationen an, die wir aus dem Alltag her kennen und viele mittlerweile als „NORMAL" empfinden, weil sie denken, dass es einfach so ist z.B. das es keinen Traumpartner gibt oder das Arbeit zur Sicherung des Lebensunterhaltes dient und nicht weil sie Freude machen soll.

Ich bin mit solchen alten Indoktrinationen aufgewachsen, bis ich anfing meine ersten Bücher über Persönlichkeitsentwicklung zu verschlingen und seitdem unaufhaltbar geworden bin. Es entspricht meinem Seelenplan, dieses Wissen weiterzugeben in Form von Seminaren, Ausbildungen, Therapiegesprächen, Online-Kongressen und meinem YouTube Kanal:" Der Ehrlichkeit begegnen TV!"

Durch diese Verbindung, die wir wieder zu uns selbst herstellen, spüren wir, wohin wir gehören. Wir versuchen nicht länger unseren Mangel und unsere Leere mit irgendwelchen Dingen, Süchten, Lebensmitteln und allem was im Außen ist, zu befriedigen.

Wir verstehen immer mehr, dass alles was wir brauchen bereits in uns existiert und wir genau dies aktivieren müssen.

Nur so können die Menschen und die Situationen, die wir uns wünschen im Außen, mit uns in Resonanz gehen. In dem wir verstehen, dass wir mit unserem Körper, Geist und Seele ein einziges Energiefeld darstellen: Resonanzfeld, Frequenzfeld.

Wir sind Sender und Empfänger zu gleich! Achte also mehr auf deine Gedanken und die Emotionen, die auf deine Gedanken folgen. Die innere spirituelle Verbindung herzustellen ist wichtig, um Zugang zum Heilungsprozess anzukurbeln und die Ebenen miteinander zu verbinden.

Wie schon geschrieben, für einige Menschen geschieht dies durch ein Nahtoderlebnis, eine Vision oder eine mystische Erfahrung und bei anderen sind emotionale Krisen notwendig (NOT-WENDIG!). Die NOT leitet die Wende ein. Häufig ist eine schwere Erkrankung Auslöser, um zur inneren höheren Macht zu gelangen, die für den Aufwachprozess notwendig ist, um zu verstehen, wie zum Beispiel der Körper funktioniert und warum er nur gut funktionieren kann, wenn alle Ebenen gelebt werden, bewusst.

Eine Freundin von mir hatte vor kurzem so einen Aufwachprozess. Sie hatte schon immer Probleme mit ihren Knochen und ständig Knieschmerzen und Rückenschmerzen. Dann kam noch die Diagnose Brustkrebs hinzu, was ihr den Boden unter den Füßen wegriss.

Sie kam zu mir und weinte eine Zeit lang und stellte sich immer wieder die ein und selben Fragen, warum es so weit kommen konnte und was die Gründe dafür waren, für solch eine Diagnose. Nach einer langen Zeit der Wut, Verzweiflung und Trauer und auch Selbstmitleid, wurde sie auf einmal ruhig.

Als hätte sie sich leer geweint. Ihre Augen wurden klar und sie schaute mich an und sagte:" Seit Jahren weine ich mich bei dir aus und beschwere mich über mein Leben, über meine kaputten Beziehungen, meine Familie, meine Arbeit und mein Gewicht. Ich bin nie zufrieden mit etwas, ich suche immer Schuldige für meine Unzufriedenheit und wie mein Leben verläuft. Seit Jahren erzählst du mir, dass ich selbst für alle verantwortlich bin, dass ich immer die Wahl habe, aus einer Beziehung, die mir nicht guttut, zu gehen.

Ich habe die Wahl mit was und welchen Lebensmitteln ich mich ernähren möchte, weniger zu trinken und mit dem Rauchen aufzuhören. Ich kann meinen Job kündigen oder wie so oft mich ständig krankschreiben lassen.

Doch wenn ich ehrlich zu mir bin, macht mir der Job kein Spaß und ich bekomme Bauchkrämpfe, wenn ich nur daran denke, dorthin arbeiten zu gehen.

Jedes Mal sagtest du mir, dass ich mir bewusst werden solle, mit was ich mich jeden Tag freiwillig fülle-erfülle. Mir fällt es gerade wie Schuppen von den Augen!"

Als ich meine Freundin ansah, wurde mir sofort klar, das war der Moment ihres ERWACHENS, des sich Bewusst-Werdens von allem, was ich ihr in all den letzten9 Jahren mit auf dem Weg gab. Sie sagte zwar immer zu mir, dass sie die geistigen Gesetze kenne und dass sie das Wissen hatte und ich ihr dies nicht immer wieder erzählen müsse. Doch war sie nie in diesem Bewusstsein!

Diese Diagnose hatte sie aufwachen lassen, was sie sich all die Jahre selbst angetan hatte, in welchen vergiftenden Emotionen sie sich freiwillig aufgehalten hatte. Sie sich ganz allein gegen sie und somit auch gegen ihren Körper richteten. Sie war permanent übersäuert und das zeigten ihr schon ihre Knochen auf. Permanente Schmerzen in den Knien und im Rücken, Haarausfall, Magen-schmerzen und viele kleine Infekte und Aften im Mund. Die Seele sprach mit ihr und das ständig, und machte sie durch ihren Körper darauf aufmerksam, wo sie nicht richtig ging in ihrem Leben.

Auch das wusste sie, doch bei ihr war diese Diagnose not-wendig, um die Wende in ihrem Leben einzuleiten, um endgültig aufzuwachen. Bei ihr war alles aus dem Gleichgewicht geraten, doch an diesem Tag hat sie verstanden, dass diese Diagnose, diese sie so sehr schockierte, dafür sorgte, alte Dramen endlich loslassen zu müssen. Sie hatte sich zu lange an die Rolle des ewigen Opfers ihrer Umstände geklammert.

Durch ihre Opferrolle hatte sie immer Ausreden dafür, warum sie so oft krank war, warum sie keine Beziehungen führen konnte und warum sie oft krankgeschrieben wurde. Alte Familiendramen durfte sich auflösen, alten Beziehungen wurde vergeben und vor allem machte sie daraufhin Vergebungsarbeit mit sich selbst.

Der schönste Satz von ihr war:" Wie konnte ich nur so blind sein und freiwillig den ganzen Mist in meinem System, in meinem Körper, der mein heiliger Tempel ist, festhalten? Wie bescheuert war ich eigentlich, mich all die Jahre freiwillige zu vergiften, mit den negativen Emotionen, mit all den Dramen, mit billigen und schnellen Essen!"

Von dem Moment an blühte sie auf. Sie löste sich von ihrem Arbeitgeber, machte eine 6wöchige Kur, und als sie zurückkam, begab sie sich zu mir in mehrere Hypnosesitzungen, um Verbindungen mit ihrem Unterbewusstsein herzustellen. Wir reden viel und ich habe das Gefühl einen ganz neuen Menschen vor Augen zu haben, der endlich weiß, was es heißt, zu Leben im Einklang mit allem was ist. Sie hat angefangen Skulpturen zu machen aus Stein und zu schnitzen. Wir gehen oft zum Strand und legen das Medizinrad, wir machen Trommelreisen und sie geht mit mir auf Kräuterwanderungen. Sie interessiert sich auf einmal für die Natur und die Zusammenhänge zwischen allen Lebewesen.

Sie ernährt sich besser, Fleisch lässt sie ganz weg und ernährt sich vegetarisch, ja fast schon vegan. Sie war vorher schon immer sehr wissbegierig. Doch jetzt habe ich das Gefühl, das sie alles wie ein Schwamm aufsaugt.

Ich glaube fest daran, dass jeder Mensch, wenn er sich dazu „BEWUSST" entscheidet, etwas verändern kann. Wenn der Wille stark genug ist und die Bereitschaft endlich da ist, alte Dramen, die der Vergangenheit an-gehören, die schon gelebt worden sind, endlich los-zulassen, dann lebt er. Fokussiere dich auf das Hier und Jetzt. Bei einigen Menschen bedarf es Schock-Diagnosen, und bei anderen sind es Wörter oder ein Satz oder eine mystische Erfahrung. Das Leben sorgt zu jeder Zeit dafür, dass du darauf aufmerksam gemacht wirst! Höre auf deinen Körper, deine Intuition, dein Herz, gehe in Verbindung mit dir selbst, werde BEWUSST!

Viele Menschen haben auch spirituelle Erlebnisse durch Essenzen, Drogen etc...gemacht. Ich wurde oft gefragt, ob ich ein Befürworter dessen bin, auch über Ayahuasca oder Pilze etc. in andere Bewusstseinszustände zu gelangen. Hier ein klares Nein!

## WARUM?

**Die wirkliche Herausforderung besteht darin, spirituelle Erlebnisse nicht durch irgendwelche Drogen oder Essenzen zu erleben, sondern ohne äußere Hilfsmittel in andere Bewusstseinszustände zu gelangen.**

**Äußere Hilfsmittel sind immer Krücken, die einen schnell in eine Abhängigkeit geraten lassen. So verlieren viele immer mehr den Zugang zu ihrer Seele, statt die Verbindung zu halten.**

**Und genau dies konnte ich schon in meiner Praxis erleben. Menschen die so weit weg von sich selbst waren, und es noch nicht mal begriffen.**

**Deshalb ein klares NEIN dazu! Ich bin kein Befürworter dieser Hilfsmittel, denn sie trennen dich von deiner wahren Essenz, bzw. du bist es, der dies tut, indem du im Außen das suchst, was bereits im Innen schon vorhanden ist.**

**Sich im Außen etwas zu suchen ist der Weg der Trennung.**

Jeder kann es lernen, dass, was bereits im Innen ist, im Außen Ausdruck zu verleihen, den Zugang zu finden, den Weg der Seele zu gehen!

Unsere westliche Welt legt einen großen Wert auf das „TUN". Es wird uns beigebracht, dass wir so konzentriert, aktiv und produktiv wie möglich für unser System sein sollen. Die meisten fühlen sich schuldig, wenn sie mal keiner körperlichen oder produktiven Arbeit nachgehen.

Sie fürchten, dass sie ihre kostbare Zeit verschwenden könnten mit „Nichts-Tun", weil sie ja dann keine greifbaren Resultate hervorbringen. Auch wenn wir uns mal entspannen wollen, dann greifen wir oft zu den Medien wie Radio oder Fernsehen oder andern Dingen, weil wir die Unterhaltung brauchen, um so das Gefühl zu haben, das wir nicht allein sind.

Wir bekommen ein Gefühl der Anbindung. Das wird uns dann auch tatsächlich so suggeriert. Dann noch die Werbung, die uns weiterhin suggeriert, dass man sich den Feierabend verdient, hat mit einem Bier, Wein, Chips oder der leckeren Schokolade, die nur man mit Freunden teilt. Uns wird jeden Tag indoktriniert, das wir nur dann etwas wert sind, wenn wir alles richtig machen in diesem System, mit den Dingen, die das System für uns extra zaubert, um das Leben leichter und lebenswerter zu machen.

Dir wird erzählt, dass du nur etwas bist, wenn du die neuste Mode trägst und die hippsten Zigaretten am Lagerfeuer rauchst, denn das machen ja alle Cowboys so, und Cowboys sind ja schließlich „MEGA COOL."

Die meisten Menschen haben verlernt sich zu entspannen, nichts zu tun um einfach nur im Sein zu Sein! Weil dem SO-SEIN in unserer Kultur nur sehr wenig Wert bei-gemessen wird.

Denn nichts zu tun, wird mit Faulheit und Mangel gleichgesetzt. Doch bewusstes nichts tun aktiviert die inneren Ressourcen in uns. Wir laden unsere Energien (Batterien) wieder auf. Wir können die Aufmerksamkeit von der Außenwelt abziehen und uns bewusst nach innen wenden.

Und genau das „NACH INNEN WENDEN", ist der tiefe Zugang unserer tiefen Dimensionen. Wenn wir eine tiefe Verbindung zu allem was ist herstellen wollen, dann ist es unerlässlich, dass wir unser SO-SEIN betreten. Spirituelle Heilung geschieht, wenn wir uns regelmäßig mit diesen tieferen Aspekten unseres Wesens verbinden. Hier ein paar Beispiele für spirituelle Übungen:

Sehr viele Menschen, u.a. auch ich selbst, finden ihre spirituelle Verbindung, indem sie den Kontakt zur Natur suchen.

Sie fühlen sich draußen frei, können durchatmen im Wald oder am Meer, in den Bergen oder auf einer grünen Wiese am See.

Sie fühlen sich geborgen und fühlen die Magie und Kraft, mit denen sie an diesen wundervollen Orten energetisiert werden. Sie fühlen sich geliebt, gesehen und gehört. Es ist ihr Kraftort. Auch ich habe solche Kraftorte, die ich liebe, und die ich aufsuche, um barfuß Energie zu tanken, an den Strand oder in die Wiese zu legen und dem Rauschen der Wellen zu lauschen und einfach zu entspannen und mich LEER werden zu lassen. Einfach nur sein ohne Gedanken, nur mit mir und mit meinen Kindern.

Es gab auch Zeiten, in denen ich sehr krank war und ich mich bewusst in die Hände von Mutter Erde begab, um wieder in diese magische und kraftvolle Anbindung zu gelangen.

Ich nutzte auch meine Kraftorte, um meinen Herzschmerz Ausdruck zu verleihen, wenn wieder Dramen mein Leben besuchten. In der Natur habe ich regelmäßig mein Herz ausgeschüttet und mich von Dramen verabschiedet.

**Das erste Beispiel für eine spirituelle Übung ist:**

Begib dich in die Natur, an DEINEN Lieblingskraftort und verbinde dich mit ihm. An solchen Orten kommen oft die besten Inspirationen.

Die Zeit in der freien Natur stärkt unsere Verbindung zu unserer inneren Natur, zu unserem Wesenskern. Viele spirituelle Übungen verbinden wir mit Ruhe und Schweigsamkeit, doch man kann diese auch sehr gut mit Bewegung kombinieren wie z.B. Wandern, schwimmen, joggen, Rad fahren etc.

Wenn es schwer fällt in einer sitzenden Meditation zur Ruhe zu kommen, dann gibt es auch wundervolle Bewegungsmeditationen, die ich ebenfalls in meinen Seminaren anbiete und welchen großen Anklang gefunden haben. Wie zum Beispiel eine bewegende Herz-Chakra Meditation, in der wir uns in alle 4 Himmelsrichtungen im Einklang bewegen und alles loslassen, was unserer Körper-Geist-Seelen-Beziehung nicht mehr dienlich ist.

Das war vor vielen Jahren auch mein Einstieg, da ich meinen Kopf nicht zur Ruhe bringen konnte. Diese Meditation hat mir geholfen, durch die Bewegung, Dinge und Emotionen raus und loszulassen, die in der Tiefe waren.

Durch diese wundervollen und weichen und auch sehr kraftvollen Bewegungen (ähnlich dem Tai-Chi), habe ich viele Blockaden lösen können, auch unter Tränen, die mich sehr belasteten. Mein damaliger Reiki Lehrer hatte mir diese an Herz gelegt und beigebracht. Seither konnte ich viele Menschen dafür begeistern, die sich schwertaten, mit stillen Meditationen.

Suche dir etwas, was dir Freude bereitet und was sich leicht und gut anfühlt und richte die Aufmerksamkeit dort hin. Denn ab einem gewissen Punkt wirst du fühlen, wie du im FLOW – im Fluss bist und dich mit allem verbunden fühlst und eine Klarheit bekommst.

Was bei mir auch oft der Fall war, das ich mich nach einer beweglichen Meditation in die Stille begeben konnte. Sie war der Türöffner für die Stille, die ich mir so oft ersehnte, um mein Kopfkino auszuschalten.

Das trat dann ganz automatisch ein. Ich merkte, dass manchmal erst etwas bewegt werden muss, gelockert werden muss, bevor es in den Fluss kommt, um abzufließen. Das war eine ein-schneidende Erkenntnis. So viele Menschen kamen zu mir und fragten mich, warum sie nicht meditieren können, warum sie ihr Kopfkino nicht loslassen können.

Sie zweifelten an sich und waren oft auch verzweifelt, denn dieses „KOPFKINO" raubte ihnen die Energien, raubte den Schlaf und verursachte Stress, welcher sich dann durch alle Ebenen durchzog, ohne das sie es wollten.

**Hier ein Beispiel:**

Eine meiner Seminarbesucherinnen kam zu mir, weil sie endlich wieder schlafen wollte. Sie sagte mir, dass sie so verzweifelt sei, dass dies sich auf ihr ganzes Familien- und auch Berufsleben auswirkte.

Sie schlief schlecht ein, wegen ihrem ständigen Kopfkino und ihrer Sorgen, die sie sich unentwegt machte über Geld, Kinder, Schulden und einen Job, der sie nicht glücklich machte.

Sie sagte, dass ihre Gedanken sie zerfressen würden und sie so gerne diesen Ballast endlich loslassen möchte. Es war, als gäbe es kein entrinnen für sie, wie eine Endlosschleife, die sich immer und immer wieder wiederholte.

Sie bemerkte, in einem Seminar durch eine Trommelreise, dass diese Schwingung ganz viele mit ihrem Körper machte, sie brach jedes Mal in Tränen aus, und jedes Mal kamen Themen hoch, die sie versuchte zu verdrängen.

Doch es sollte anders kommen.

Sie fing an sich zu öffnen, auch innerhalb der Gruppe und erzählte nach und nach, was sie auf dem Herzen hatte.

Sie merkte auch, dass sie in einer Stillen Meditation fast durchdrehte. Ihr Körper rebellierte dabei so sehr, dass mir bewusstwurde, Stille ist zwar gut für sie, doch sie brauchte diese Stille in einer Kombination mit Bewegung! Nur so können ihre Emotionen ins Fließen kommen und sich auch lösen.

Bei manchen Menschen sitzen tiefe Traumata, Emotionen, Erlebnisse so fest und haben sich an so vielen Körper-stellen manifestiert, dass reine Stille und ruhiges sitzen, noch mehr Blockaden verursachten.

Stelle dir vor du sitzt an einem Bach und bemerkst, dass einige Steine und Äste hängen bleiben, du beobachtest den Fluss des Baches und stellst fest, dass das Wasser immer mehr ins Stocken gerät oder gar komplett gestaut wird.

Das Einzige was jetzt gemacht werden muss, ist, diese Steine und Äste zum Weiterfließen zu bewegen oder sie zu entfernen und das geht nur, indem sie irgendwie bewegt oder weggenommen werden!

Im Sitzen und Nichts tun kann hier in dieser speziellen Situation nichts bewegt werden.

Es muss zuerst gelockert werden, damit es wieder frei fließen kann und genau das ist es, was hier geschah und was Bestanteil meiner Seminare ist.

Meine Seminarbesucherin bewegte etwas, indem sie sich bewegte und mit der passenden Musik und den passenden Worten und Affirmationen, kam dann alles in geballter Ladung aus ihr heraus. Sie war wütend und schrie, sie lachte, sie weinte und dann legte sie sich hin und konnte die Augen schließen, lauschte der anschließenden Klang-schalenmusik und sie schlief tief und fest ein.

Als sie aufwachte, waren ihre Augen ganz klar und leuchteten und ich sah sie das erste Mal tiefen-entspannt und lächelnd.

Seitdem kam die Wende für sie, sie machte regelmäßig die bewegliche Meditation. Abends schlief sie ein ohne Einschlafschwierigkeiten und ohne Kopfkino. Denn durch diese Art der Meditation verließ sie ihr KINO.

Viele die mich kennen, wissen dass ich auch mit Kindern arbeite und bei SOS-Kinderdorf vor einigen Jahre unterrichtete und ausbildete.

Ich hatte mich vor vielen Jahren spezialisiert auf Früh- und Inklusionspädagogik und wer sich mit frühkindlicher Entwicklung beschäftigt weiß, „Sprache braucht Bewegung!" Kinder lernen am besten sprechen, wenn sie sich bewegen, dadurch werden in den Gehirnarealen Verknüpfungen hergestellt, die für die Entwicklung aller Wahr-nehmungssinne existenziell wichtig sind. Und nicht nur die Sprachentwicklung braucht Bewegung, sondern einfach alles!

Bewegung ist der Fluss aller Dinge, findet keine Bewegung mehr statt, dann entsteht Stagnation, Blockaden, und zwar in allen Bereich der Körper-Geist-Seelen-Beziehung! Nicht nur die Sinne können sich nicht vollständig entwickeln, auch der Körper mit seinen Meridianen und Energiezentren, auch Chakren genannt.

Findet irgendwo auf einer der Ebenen eine Stagnation statt, so hat das natürlich auch Einfluss auf allen andern Ebenen. Da alles miteinander verbunden ist, und in einem Kreislauf voneinander abhängig ist, geht es nicht anders. Das Wort Kreislauf sagt hier ja auch schon so einiges aus! Höre in Worte hinein. Denn jedes Wort hat in seiner Schreibweise und in seiner Sprache mehrfache Bedeutungen.

Wer kennt es zum Beispiel beim Yoga. Yoga zeigt mir immer ganz klar auf, wo es bei mir stagniert anhand von Übungen.

Es gibt Übungen, die fließen und andere wiederum sind enorm anstrengend und schmerzen auch an der einen oder anderen Stelle im Körper.

Dann merke ich, welchen Körperregionen ich mehr und welchen ich weniger Aufmerksamkeit gewidmet habe. Und meistens ist es ja so, dass wir am liebsten das machen, worin wir gut sind oder was ganz einfach zu gehen scheint. Wir vernachlässigen dann die anderen Ebenen oder vergessen sie einfach.

Ich habe es mir zum Ziel gesetzt, jeden Tag allen Ebenen Aufmerksamkeit und Bewusstheit zu schenken, denn indem ich allen Ebenen Aufmerksamkeit schenke, schenke ich mir gleichzeitig Ausgeglichenheit, und ein gutes Gefühl.

Eine gute Übung hierfür ist Dankbarkeit und Bewusstheit für alles was ist, und was ich bewusst an diesem Tag in mein Leben ziehen möchte.

Ich beginne den Tag, indem ich mich recke und strecke im Bett mit einem Lächeln, streichele meine Katzen und sage das erste Mal „Danke", für das Aufwachen und schnurrende Katzen, und dass ich gut geschlafen habe. Danke, das ich Träume hatte, die ich mir anschauen durfte in der Nacht. Dann danke ich für mein Bett, indem ich mich, und auch meine Kinder und Katzen sehr wohl fühlen.

Dann stehe ich auf und widme mich dankend den Katzen, denn meine Kinder schlafen meist noch in der Früh.

Ich mache für unsere Katzen frisches Essen und Wasser und natürlich gehören die Katzentoiletten auch dazu. Ich segne jeden Tag das Essen für unsere Tiere und bedanke mich, dass wir immer im Überfluss alles haben. Dann gehe ich auf den Balkon und begrüße die Natur und füttere die Vögel im Garten, die mich jeden Morgen wecken mit ihrem wundervollen Gesang.

Ich lade die Gesundheit, das Geld, den Erfolg und die Liebe ein, und auch die Kreativität, so dass alles hier herzlich Willkommen ist. Dann gehe ich ins Bad und mache mich fertig mit Zähneputzen und waschen etc...und danke für alles was sich im Bad befindet.

Ich rufe mir jeden Tag ins Bewusstsein, wie dankbar ich bin für ein sauberes Bad, eine Wanne, eine Dusche, eine Toilette, fließendes Wasser und Strom und Heizung. Denn es ist nicht selbstverständlich das wir all dies haben. Ich koche mir meinen Kaffee und Tee und bereite ein schönes Frühstück vor. Schaue auf meinen Planer nach meinen Terminen, und danke, dass ich Termine habe.

Mein Tag beginnt mit guter Laune und endet mit guter Laune. Natürlich gibt es auch mal Tage, an denen nicht alles so rund läuft. Doch auch hier bin ich dankbar.

Ich bin mir bewusst, dass ich allein für das, was ich fühlen möchte und mit welcher Energie ich abends ins Bett gehen möchte, selbst verantwortlich bin und sonst niemand.

Wenn man an einem Punkt angekommen ist, wo man nicht mehr bereit ist, seine Selbst-ermächtigung und damit meine ich, seine Macht an Situationen oder Menschen im Außen abzugeben, und sich bewusstwird, dass man selbst der Schöpfer ist, dann ist es logisch, nicht mehr freiwillig schlecht gelaunt zu sein! Und nicht zu vergessen, dadurch auch sein System mit negativen Emotionen dauerhaft zu vergiften, zu übersäuern und Blockaden zu kreieren.

Als ich dies verstanden hatte, war es mir wichtig, jeden Abend, bevor ich ins Bett ging entweder zu meditieren oder noch etwas Schönes zu lesen und dankbar zu sein für den Tag. Dankbar für das, was ich wieder an Geschenken bekommen habe.

Ja Geschenke, denn alles sind Geschenke, Geschenke des Lebens, Wachstums, Geschenke des Lernens. Du kommst nackt auf die Welt und du gehst du nackt wieder, alles was dazwischen ist, nennt man Leben und Geschenke bekommen. Die Art, welche Geschenke du empfangen willst, liegt ganz bei dir. Du kannst also gar nichts verlieren!

Jetzt sagst du vielleicht, nein, das stimmt so nicht, ich kann mir meine Eltern doch nicht aussuchen und als Kind muss ich mich fügen etc...

Deine Seele sucht sich aus, wo und wie, und mit welchen Themen sie wieder inkarnieren möchte. Ab einem gewissen Alter, wenn du Flügel bekommst, kannst du dann selbst entscheiden, welchen Weg du gehen möchtest und ob du bereit bist Verantwortung für dich selbst zu übernehmen.

Ich hatte meine ganze Kindheit lang, das Gefühl nicht in der richtigen Familie zu sein. Ich dachte immer, wie konnte man von mir Dinge verlangen, mich zwingen und erpressen, diese Dinge zu tun, die ich nicht tun wollte. Die mich krank machten, die mich traumatisierten und mir suggerieren, dass ich nur dann etwas Wert bin, und Liebe verdiene, wenn ich etwas dafür tue. Wenn ich das tue, was die Erwachsenen von mir forderten. Ich dachte als Kind, das ist halt so im Leben, das macht man so und wurde all die Jahre geformt und manipuliert für das System, das es ja nur gut mit allen meint und uns Sicherheit geben möchte.

Mein Vater sagte immer: "Sei froh, dass du hier geboren wurdest und zur Schule gehen kannst. Das Leben ist kein Zuckerschlecken und Lehrjahre sind keine Herrenjahre.

Oder mit der Schule fängt der Ernst des Lebens an, von da an hieß es, unermüdliches lernen, lernen, lernen, wenn man etwas Gescheites werden will.

Ich liebte meine Eltern sehr, doch ich hörte auf, mich zu lieben. Ich tat, was man von mir erwartete. Ich wurde so erzogen und glaubte es selbst eine gewisse Zeit.

Viele dieser Worte sind eingebrannt. Als ich 18 wurde, dachte ich mir: "Und jetzt könnt ihr mich alle mal!"

Ich wurde zum schwarzen Schaf der Familie degradiert. Nur weil ich nicht den Anforderungen meines Vaters Folge leisten wollte. Ich wusste schon sehr früh, dass ich eine wichtige Aufgabe hier auf der Erde habe.

Ich fühlte es, doch ich wusste nicht was es war. Ich vertraute von da an, dass alles so kommt wie es kommt. Und das alles was in mein Leben kommt, auch einen tieferen Sinn hatte, um mich auf etwas ganz Bestimmtes vorzubereiten.

Heute weiß ich es! Und dass mein Weg und vor allem meine gesamten Kindheitserfahrungen inkl. allen Lernaufgaben mich schon ganz früh zu einer Kämpferin ausgestattet haben, um auf das Leben im Hier und Jetzt vorzubereiten.

# Der Übergang von 3D in 5D- was bedeutet das?

Den Übergang von der 3 D Welt in die 5D Welt, viele nennen es auch den Übergang ins neue goldene Zeitalter und laut der hinduistischen Kosmologie, das Kali Yuga (Zeitalter des Streitens, Zeitalter der Kali), welches als Zeitalter des Verderbens und des Verfalls und der absoluten Zerstörung bezeichnet wird, abzuschließen.

Nach der buddhistischen Kosmologie bezeichnet ein solches finsteres Zeitalter, die vierte und auch letzte größere Zeitperiode eines Zeitabschnitts von ca. 3000 Jahren, nach der Geburt eines Buddhas bis hin zum Erscheinen eines neuen Buddhas. (Alle Informationen hierzu habe ich aus dem Sanskrit entnommen).

Gemäß Überlieferungen befinden wir uns heute nach einem goldenen, silbernen, kupfernen Zeitalter, im eisernen Zeitalter, in der die äußere Welt sowie die Lebewesen (damit ist der Mensch gemeint), von den drei Wurzelgiften, auch Geistesgiften wie Hass, Gier und Verwirrung betroffen sind.

Dieses dunkle Zeitalter ist daher in stärkerem Maße von Krieg und weit verbreitetem Leid betroffen, als es die vorausgegangenen Zeitalter waren. Es wird auch das Zeitalter des Niedergangs beschrieben. In diesem Zeitalter haben nur noch wenig Wesen die Fähigkeit zu meditieren und starke geistige Entwicklungen auszuüben und bedürfen sehr kraftvollen Methoden, um den Geist zur vollen Erleuchtung zu führen.

Was allerdings nach dem Ende dieses dunklen Zeitalters geschieht, ist etwas umstritten. In hinduistischer Über-lieferung sind mehrere Möglichkeiten offen, was an sich auch logisch erscheint, denn es gibt immer die Möglichkeit der Wahl.

Das erste ist das Satya Yuga, auch goldenes Zeitalter genannt, in diesem Übergang wir uns gerade befinden. Es erscheint unmittelbar danach und ersetzt Chaos und Leid durch eine göttliche Ordnung und vor allem WISSEN! Ein langsamer Aufstieg vollzieht sich zurzeit parallel, zu dem sich endenden Kali Yuga. Am Ende dieses Zeitalters erscheint ein neuer Buddha, der erneut, erleuchtende Lehren verkündet, worauf ein neues Zeitalter der Wahrheit entsteht.

In einem Zeitalter der Wahrheit und Ehrlichkeit finden dann die Wesen wieder leichten Zugang zur spirituellen Praxis und somit zu sich selbst. In diesem Äon werden nach Legenden 1000 Buddhas erscheinen, die das „Rad der Lehre" erneut in Bewegung setzen, die zur Vollendung beitragen.

Damit schließt sich dieser Zeitzyklus und die Welt, wie wir sie kennen, wird es so nicht mehr geben. Die Menschheit erwacht und versteht, dass alles mit allem in tiefer Verbundenheit verbunden ist.

Dies ist nur die buddhistische Sicht. In anderen Kulturen wird ähnliches geschrieben. Und jeder, der sich mehr mit sich selbst beschäftigt, um einen tieferen Zugang durch verschiedene spirituelle Praktiken, wie Meditation – ob stille Meditation oder bewegliche Meditation - Mantra singen, Yoga, Thai Chi oder auch Medien (ein Medium) welches „channelt", Karten legt oder pendelt beschäftigt, wird merken, dass Bewusstheit und Bewusstsein die wichtigste Grundvoraussetzungen sind, um zu wachsen.

Ich sage immer zu meinen Klienten, sie sollten die Methode für sich nehmen, die am besten zu ihnen passen und am besten für sie funktionieren. Ich wechsle hin und wieder die Methoden, da ich es Tagesform abhängig mache und in mich hineinfühle, ob ich Reiki mache, Mantren singe, schamanische Trommelreisen mache etc...

Was ich dennoch unabhängig davon jeden Tag in meinem Leben integriert habe, sind Spaziergänge zu meinen Kraftorten. Unabhängig davon, ob es regnet oder die Sonne scheint. Sorge einfach dafür, das spirituelle Inspiration und regelmäßige stärkende Energie in irgendeiner Form Bestandteil deines Lebens wird, denn es wirkt sich heilend auf allen Ebenen aus.

So habe ich es mir zur Gewohnheit gemacht, wenn ich ein konkretes Problem habe oder bestimmte Fragen mich beschäftigen, das Universum um Hilfe zu bitten. Ich nehme Kontakt mit meinem Akasha-Feld, auch Quantenfeld/morphogenetisches Feld genannt, auf. Manchmal kommen die Antworten nicht sofort und es dauert eine Weile und manchmal dauert es auch ein paar Tage, bis ich eine Antwort bekomme, bzw. bis sich mir etwas im Außen zeigt.

Und manchmal kommt die Antwort auch durch andere Menschen, die plötzlich in mein Leben treten und Verbindungen herstellen, damit zum Beispiel ein neues Projekt Gestalt annehmen kann.

Wie zum Beispiel meine Kurse. Ich hatte nicht die leiseste Ahnung, wie ich meinen Ausbildungs-Kurs **„Werde zur besten Version Deiner Selbst",** als Onlinekurs veröffentlichen konnte oder den Kurs/ Workshop: „Die Magie von Reichtum, Fülle und Glück!". Ich hatte keine Ahnung von Online-marketing, keine Ahnung von Technik und wusste, dass ich mich jetzt diesem Thema widmen musste, wenn ich damit nach draußen möchte. So viele Menschen baten mich in der Corona Zeit um Gespräche und um Hypnosen und Coachings und fragten mich, ob ich auch Online ausbilden würde.

Eines Abends setzte ich mich hin, nahm meinen ersten ganzheitlichen Kurs, der auf über 200 DIN A4 Seiten schon fertig geschrieben war, und bat das Universum um Hilfe.

Ich drückte diesen Kurs ganz fest an mein Herz und bat darum, dass mir das Universum doch bitte eine Eingebung senden mögen, wie ich die Technik lernen konnte. Onlinemarketing zu lernen und mir auch Menschen zu schicken, die mir dies Eins zu Eins erklären würden, mit viel Geduld.

Und so geschah es ein paar Tage später, dass ich eine Freundschaftsanfrage von einem sehr bekannten Menschen über Facebook bekam, der per Zufall auf meinen YouTube Kanal gestoßen war, und meine Videos toll fand.

Er fand meine Webseite und meine Angebote. Er war fasziniert von meinem ganzheitlichen Angebot. Ich nahm diese Freundschaftsanfrage an und wir kamen in Kontakt. Dieser Mensch ermutigte mich, einen Kongress zu machen. Er sagte mir:" Dein ganzheitliches Wissen muss raus in die Welt und durch Kongresse bekommst du eine größere Reichweite!"

Ich sagte ihm daraufhin, dass ich vorhatte, erst meinen Kurs zu veröffentlichen! Doch riet er mir dazu, einen Kongress zu machen, damit ich einen größeren Bekanntheitsgrad bekäme.

Nun gut, dachte ich mir, ich bat das Universum um Hilfe für einen Kurs und bekam gleich Hilfe für einen Kongress.

Und als ich anfing, dachte ich mir, wow, vor Jahren wollte ich schon meine Lieblingsautoren und Berühmtheiten interviewen. Ich sah mich des Öfteren schon als Moderatorin und Interviews führen und meine Tochter sagte zu mir:" Mama, dass wolltest du doch schon immer!" Da wurde mir bewusst, dass einer meiner größten Träume und Wünsche sich gerade im realen Leben manifestierten.

Durch diesen ersten Kongress, und ich habe mittlerweile schon mehrere veranstaltet, mit vielen berühmten Persönlichkeiten, begann auch meine Karriere im Online-Bereich.

Ich wurde selbst bekannter und immer mehr Menschen wollten baten mich um Rat. Durch das technische „KNOW-HOW", was ich erlangte, kreierte ich dann auch meinen Ausbildungs-Kurs online.

Ich drehte die Videos dazu, und mache damit bis heute viele Menschen glücklich, die die Reise zu sich selbst antreten möchten. Ich bin unendlich dankbar, für jeden Menschen und jede Begebenheit, die mir das Universum bis heute sendet. Ich habe gelernt, absolut zu vertrauen. Auch wenn sich manchmal etwas verzögert, so weiß ich dennoch, dass, wenn ich meinen Teil dazu beitrage, das heißt auch, etwas dafür tue, das dann das Universum sich um den Rest kümmert. Und genauso läuft es bis heute.

# „Wake up your mind - Die Reise zu dir Selbst!"

Was wäre, wenn du deine inneren Kräfte entfesselst, um dein Leben mit maximaler Energie zu leben und zu lieben?

Was wäre, wenn du deine Lebensqualität steigerst und du dadurch wieder Energien freisetzt, für all die schöne Dinge im Leben, die du dir wünschst?

Was wäre, wenn du eines Morgens aufwachst und feststellst, dass all deine Träume Wirklichkeit geworden sind?

Was wäre, wenn du dir all deine Herzens-Wünsche erfüllen könntest? Was würdest du dann tun?

Was wäre, wenn alles, was du dir vorstellst, denkst und fühlst sich in Windeseile manifestiert in deinem Leben?

Was wäre, wenn es nur noch eine Leichtigkeit wäre, den richtigen Seelenpartner, das Wunschgewicht, die finanzielle Freiheit, die nachhaltige Gesundheit und den Traumjob dauerhaft in dein Leben zu ziehen? Würdest du es wollen und bereit sein lebenszerstörerische Muster Schritt für Schritt loszulassen, um deinen Traumziel näher zu kommen, ja, deinen Traum sogar zu leben?!

Einen Traum, von dem viele denken, er sei nicht realisierbar. Einem Traum, von dem viele denken, dass sie ihn niemals erreichen könnten. Einen Traum von dem viele denken, dass sie ihn nicht verdient haben...etc... Der Schüssel zu allem bist DU!

Dankbarkeit ist der mächtigste Schlüssel zum eigenen Glück, um das GLÜCK in deinem Leben freizuschalten. Dankbarkeit ist der WEG des Lebens. Dankbarkeit ist eine bewusste Entscheidung, sich auf all die wundervollen Segnungen im Leben vorzubereiten, die das Universum für Dich vorgesehen hat.

Statt sich auf die Mängel und Probleme zu konzentrieren und sich oft zu beklagen ist es wichtig, das zu nähren, damit meine ich, die Energien auf das zu richten, was man in seinem Leben erreichen möchte und das dauerhaft. Fülle dein Leben mit Gefühlen der Dankbarkeit. Das Geheimnis der Veränderung in dir ist, alle Energien nicht auf die Bekämpfung des Alten zu legen (Deine Vergangenheit, Deine bereits gemachten Erfahrungen), sondern auf den AUFBAU des NEUEN!

Auf den Aufbau deines Höheren Selbst, deiner Bewusstheit! Wichtig ist der Glaube daran, „GLAUBE AN DAS WAS NOCHT NICHT IST, DAMIT ES WERDEN KANN!"

Du kannst nicht dauerhaft glücklich werden, wenn sich das, woran du glaubst, nicht mit dem deckt, was du tust! Deshalb lasse Dich niemals von deinen Zielen und Träumen abbringen! Habe sie fest in deinem Fokus und das dauerhaft! Glaube daran, dass du sie erreichen kannst, und traue dich, mit jedem deiner Schritte darauf zuzugehen. Egal was andere sagen oder tun oder wie sie sich dir gegenüber äußern, egal was und wie viele Hindernisse sich dir in den Weg stelle.

**Gehe die Schritte!**

Es sind deine Schritte, deine Schritte der Ehrlichkeit dir gegenüber, deine Schritte deiner Selbstliebe, deine Schritte in Richtung deines Selbstwertes, deine Schritte in die Richtung zur Authentizität, die Schritte DEINER WAHRHEIT, dir gegenüber und gegenüber deinem Körper und deiner Seele! Lebe dein höheres Selbst. Es zeigt Dir jeden Tag auf, ob du es lebst oder wieder sabotierst.

Lerne wieder die Gefühle deines Körpers und deiner Seele wahrzunehmen, sonst werden sich all die Widerstände, die sich im Inneren befinden, dauerhaft in Konflikte wandeln und somit auch in dauerhaften und Blockaden. Diese sich dann als Schmerzen oder Erkrankungen zeigen und dir mitteilen wollen, wo du gerade nicht richtig gehst in deinem Leben!

WISSE, dass du es erreichen wirst! WISSE, dass das Universum/Gott, dein Unterbewusstsein, deine Psyche, alles dafür tut und dir alle Lebens- und Lernaufgaben sendet, die du brauchst, damit du deine Ziele erreichst. Du wirst von allen geliebt und unterstützt.

DEIN WAHRES SELBST WEISS WAS ES WILL UND ES WIRD DICH JEDEN TAG DARAUF AUFMERKSAM MACHEN, OB BEWUSST ODER UNBEWUSST, OB DU SEINEN WEG GEHST ODER WIEDER DEIN SELBSTSABOTAGEPROGRAMM LEBST! ES WIRD DICH SOLANGE NERVEN UND DIR IMMER UND IMMER WIEDER DIE EIN UND SELBEN LERN-AUFGABEN SCHICKEN, BIST DU KAPIERT HAST WORUM ES GEHT!

"Die Seele sagte einst zum Körper:" Geh du voran, auf mich hört sie nicht!" Alles was du tun solltest ist, die Signale, die dir dein Körper und dein Bauch-gefühl senden, wahrzunehmen. Sie sind deine besten Ratgeber und Führer durch dein Leben, also ignoriere sie nicht!

Hier ein wundervolles Zitat von Ada Luz Marques:

„Nicht Dein Rücken tut weh, sondern die Last, die Du trägst!" „Nicht Deine Augen schmerzen, sondern die Ungerechtigkeit, die Du siehst!"

„Nicht Dein Kopf schmerzt, sondern Deine Gedanken sind es!"

„Nicht die Kehle schmerzt, sondern dass, was Du nicht ausdrücken und sagen kannst!"

„Nicht der Magen tut weh, sondern dass, was Deine Seele nicht verdaut!"

„Nicht die Leber schmerzt, sondern die Wut, die Du in Dir trägst!"

„Nicht Dein Herz tut weh, sondern die Liebe, die Liebe zu Dir selbst, die Du Dir nicht gibst!"

„Und es ist die Liebe selbst, welche die mächtigste Medizin von allen ist!"

Diese Worte fanden in mein Herz, denn im Laufe meines Lebens durfte ich genau aus diesen Lebensaufgaben lernen. Sie wurden mir geschenkt.

Ich durften alle Schattenseiten aufdecken, von mir und meinen Partnern, so weh sie auch taten. Doch, als ich dies tat, kam das wundervollste und beste Geschenk, welches ich mir machen konnte, ICH FÜHLTE MICH FREI!

Frei von Lügen und Geheimnissen, frei von alten Geschichten, die ich in mir trug über viele Jahre, und die mich hinderten, im hier und jetzt zu sein. Ich wurde von Tag zu Tag bewusster. Das auch du es schaffen kannst glücklich und erfüllt zu sein, in allen deinen Lebenslagen, liegt ganz allein bei dir. Sei bereit dich zu öffnen. Zu ÖFFNEN für DICH! Dein Higher SELF-dein höheres Selbst!

Durch die TCM-Ausbildung, Traditionelle Chinesische Medizin, und durch meine Mentoren, bekam ich auch einen Einblick dafür, was Erkrankungen, die sich in unserm Körper manifestieren, uns mitteilen möchten. Jede Erkrankung in der Körper-Geist-Seelen-Beziehung hat ihren Ursprung und jede Erkrankung ist ein Zeichen dafür, das ein Ungleichgewicht in diesem System existiert, welches nicht beachtet wird. Hier nun einige Auszüge aus meinem Kurs, über das Thema: "Was Dir Deine Krankheit sagen möchte!"

Wichtig ist vielleicht zu wissen, dass alles eine Schwingung hat und einen Sender sowie Empfänger darstellt. Du bist immer beides, Sender und Empfänger. Im nächsten Kapitel, die Sprache der Organe bekommst du einen kleinen Einblick in meinen Kurs, denn dieses Thema ist Bestandteil.

# Die Sprache der Organe

Wusstest du, dass jedes Organ seine eigene Schwingung hat und somit seine eigene Sprache spricht?

In vielen verschiedenen Therapien werden ganzheitliche Unter-suchungen mit einbezogen wie zum Beispiel in der Traditionellen Chinesischen Medizin, in der Reflex-zonentherapie oder auch in der Dorntherapie!

Dort werden alle Zusammenhänge betrachtet, denn der Therapeut, Heilpraktiker oder auch Arzt betrachtet hier seinen Patienten auf ganzheitlicher Ebene. Den Körper, Geist und Seele gehören zusammen und können nicht unabhängig voneinander betrachtet werden!

In diesen wissenschaftlichen und anerkannten Therapie-verfahren, die auch in vielen Kliniken weltweit angewandt werden, betrachtet man die verschiedenen Meridiane und Energiekörper im Zusammenhang zwischen den Funktionskreisen der Wirbelsäule, der Organe und der Akupunkturmeridiane, und natürlich auch der Zähne. Denn alles im Körper steht in Verbindung mit allem und mit seinem Umfeld!

Die Meridiane in der Traditionellen Chinesischen Medizin und zum Beispiel die Erfahrungen der Dorn-Methode, ergänzen sich hervorragend zusammen bei der Identifikation von Leiden und deren Ursachen.

Ein YIN-Meridian ist ein Speicherorgan, und ein Yang-Meridian ist ein Hohlorgan zu einer Körperöffnung. Funktionskreise der Meridiane können wiederum verschiedenen Wirbel-schädigungen zugeordnet werden, sowie auch die Zähne den Organen zugeordnet werden oder die Chakren. Und natürlich auch alle Emotionen, die daraus resultieren!

Wer kennt den Spruch." Dem kommt die Galle hoch oder mir ist eine Laus über die Leber gelaufen oder es nimmt mir die Luft zum Atmen oder auch "Da bleibt mir das Essen im Halse stecken.

Die Emotion WUT ist der Leber zugeordnet, denn die Leber gehört zu den Speicherorganen die Emotionen und Fett etc. speichern. Ich dachte, dass ich hier ein paar Einblicke von einigen Organen zeige, wie unsere Organe mit uns sprechen und wofür diese stehen, in ihrem Lebensausdruck!

# Die Lunge

Die Lungen mit ihren Flügeln und Bronchien-
bäumen sind die wichtigsten Organe für die
Sauerstoffversorgung des Körpers und auch für das
Abatmen von verbrauchter Luft zur Reinigung des
Körpers von zu viel Kohlendioxid. Die Lunge ist eines
der wichtigsten Ausscheidungsorgane, denn über
70% der Giftstoffe im Körper werden über die Lunge
ausgeschieden, den Rest erledigen Leber, Nieren
und Darm in Abfolge.

Die Lunge ist eng mit der Haut und dem Dickdarm
verbunden, welches sich auch oft in Krankheits-
verläufen spiegelt. Bei Menschen mit Haut-
erkrankungen ist es leider oft so, dass diese mit
irgendwelchen Mitteln wie z.B. Cortison oder Zink,
behandelt werden, die die Symptomatik be-
handeln, jedoch nicht die wirkliche Ursache.
Deshalb ist es so wichtig, den Körper und den Geist
als ein GANZES zu betrachten.

Oftmals ist es so dass Hautärzte den Körper als
geheilt ansehen, wenn Salben und Präparate eine
Wirkung anzeigen im Außen. Doch leider ist es oft
so, dass sich die Krankheitsenergie nach innen
wendet und es somit zu bedenklicheren Beschwerden und Symptomen kommen kann. Bestes
Beispiel ist hier die Neurodermitis. Sie wird oft mit
Cortison haltigen Salben behandelt. Die Haut

verbessert sich dann meist, und dass auch oft ganz, doch nach einiger Zeit zeigen sich vermehrt Atembeschwerden, von einer Bronchitis aus bis hin zu asthmatischen Beschwerden. Leider ist dies nicht ein Einzel-Fall, sondern kommt sehr häufig vor!

In der Sprache der Organe steht die Lunge und die Bronchien für den Bereich der Kommunikation, sowie der Interaktionen mit der Außenwelt und mit seiner eigenen Innenwelt! Wenn diese Interaktionen gestört sind, dann kann sich dies in Atembeschwerden zeigen.

Viele kennen bestimmt die Frage:" Was nimmt dir die Luft zum Atmen?" Die Atmung steht für die Lebenskraft und das Leben an sich. Die Lunge steht für das energetische, das Luftige und der Darm steht bei der Entgiftung für das FESTE, die Nahrung, die verdaut wird.

Beide Organe stehen für den Bereich des Loslassens, was verdaust du nicht richtig? Was nimmt dir die Luft zum Atmen? Was hältst du fest (bei Verstopfung ist dies zum Beispiel der Fall)?

Da die Lunge im Gegensatz zum Darm ein paariges Organ ist, gibt es 2 Lungenflügel, sie zeigen sich oft Themen wie Partnerschaften oder Freundschaften, Themen innerhalb der Familie und auch in beruflichen Beziehungen.

Bei Paaren, die viele Probleme haben, kann man oft beobachten, wenn es ihnen gut oder schlecht geht. Wenn es einem der beiden Partner schlecht geht oder auch beiden, dann zeigen sich oft Atembeschwerden oder auch Pickel oder Hautausschläge, wenn diese aber von längerer Dauer sind, dann können sich diese Symptome in ernsthafte Erkrankungen manifestieren. Die Lunge und die Bronchienbäume symbolisieren unseren Lebensraum unser Umfeld, weshalb diese auch für das Setzen von Grenzen stehen.

Ungelöste seelische Konflikte, die sich nach innen wenden bekommen hier ihren Lebensausdruck wie z.B. Sorgen, Chronischer Kummer, Zweifel, Trauer (die Lunge wird auch oft als das Trauerorgan bezeichnet).

Sehnsüchte, Ängste, Lebensängste, Depression, Angst vor dem Ersticken, Mangel an Freiheit, Nähe nicht zulassen zu können, Isolation, Gefühl nicht gewollt zu sein, Fremdbestimmung, keinen Platz zu haben für seinen eigenen Raum in Entfaltung zu bringen, Belastungen, die zu viel sind, Unterdrückungen und das dadurch innere Konflikte schwelen, Verachtung sich selbst und anderen gegenüber, Vorurteile und arrogantes Verhalten, Maßlosigkeit und das Gefühl keine Daseinsberechtigung zu haben.

Wer kennt das Gefühl, dass man sich die Lunge aus dem Hals schreien möchte oder der Wut Luft machen oder es schnürt einem die Luft ab, ich muss mir mal Luft machen oder „Dem huste ich was!"

Die Lunge steht auch für alle Ängste, Verlustängsten. Alle Ängste haben mit dem Verlust von irgendetwas zu tun wie z.B. mit dem Verlust es Partner, seinen Job zu verlieren oder zu versagen bzw. etwas nicht zu können und nicht gut genug zu sein (nicht das nötige „KNOW-HOW" für etwas zu haben, weil man z.B. denkt, dass man einen Mangel an Wissen hat)!

Alle Ängste spiegeln einen Mangel an etwas dar, deswegen ist es so wichtig sich diesen Ängsten bewusst zu werden, statt dies zu bekämpfen oder zu unterdrücke, denn damit richten sich diese Ängste nach INNEN und somit GEGEN EINEN!

# Der Darm

Die meisten Menschen vermeiden den Darm als Thematik und sprechen nicht oft darüber. Wir habe innerhalb unserer Gesellschaft gelernt, nicht über Fäkalien oder die Ausscheidungen des Darms, und somit der verdauten Nahrung und allen Giftstoffen, die damit verbunden sind, zu reden. „Es schickt sich nicht!", wurde mir zum Beispiel beigebracht. Wie schon oben bei der Lunge erwähnt, steht der Darm für die feste, verdauliche Nahrung.

Unser Darm leistet jeden Tag die Schwerstarbeit für uns, denn aus jedem Nahrungsmittel, was noch aus dem Verdauungs-system uns geschickt wird, holt der Darm das Beste raus, was er noch für unseren Organismus verwerten kann, wie lebensnotwendige Mineralien, Salze, Mikronährstoffe und Flüssigkeiten.

Der Darm ist somit das Immunsystem unseres Körpers und ist auch ganz eng mit dem Gehirn verbunden, durch den „VAGUS Nerv". ER ist der Informant für das Gehirn mit seinem millionenstarken Mikrobiom! Das Buch „Darm mit Scharm" kann ich hierzu sehr empfehlen. „Die Weisheit des Lebens sitzt im Darm!" (schöner und weiser Spruch).

Wenn man sich bewusst macht, dass der allergrößte Teil unseres Abwehrsystems im Darm liegt, Dickdarm und Dünndarm, und dass dieses eng mit dem Gehirn verbunden ist, dann versteht man auch, warum der Darm ganz eng mit der eigenen Psyche zusammenhängt.

Denn wenn unsere Psyche aus dem Gleichgewicht gerät, dann zeigt sich das entweder oft in Durchfall oder in Verstopfung. Wo traut man dem Fluss des Lebens nicht! Wo kann man nicht loslassen! Der Darm wird dem Wurzel-Chakra, dem Sexual-Chakra und dem Sonnengeflecht (3.Chakra) zu geordnet und ist daher eng mit unserer Spiritualität, Sexualität und mit unserer individuellen Persönlichkeit verbunden und deren Bewusstheit und Wachstum.

Hierbei geht es um die Verbundenheit mit der Erde, Mutter Natur und dem ganzheitlichen MÜTTER-LICHEN, den nährenden Energien, die wir von unserer Mutter bekommen, die Themen und Fragen hierzu sind:

Bist du im Urvertrauen? Fühlst du dich geborgen und geliebt? Brauchst du das Gefühl des Schutzes? Fühlst du dich geborgen und beschützt? Vor was schämst du dich (Thema Scham)? Für was fühlst du dich schuldig oder sucht nach Schuld bei einem anderen? Lebst du deine Sinnlichkeit?

Fühlst du dich attraktiv und begehrt und begehrst du dich selbst? Bist du Leidenschaftlich oder eher zurückgezogen?

Beim 3. Chakra, dem Solarplexus-Chakra, geht es um Willen, Macht, Selbstliebe, Gefühlsbildung, Sicherheit, Veränderungen vornehmen, Ziele angehen, Entfaltung der eignen Persönlichkeit. Mit diesem Chakra hängt das vegetative Nervensystem zusammen, die Milz, Leber, Galle, Magen, Haut und Oberbauch zusammen. Verbindung mit den eigenen Fähigkeiten und seiner Intuition, dem Bauchgefühl.

Hierbei geht es darum, ob man in sich ruht und ein stabiles Fundament um sich herum und im Inneren aufgebaut hat, und die Fähigkeit zu haben, diesem zu vertrauen. Vertraust du dem Fluss des Lebens? Denn genau dort ist dein „INNERES KIND" zu Hause.

Das wichtigste Bindeglied zwischen Darm und Gehirn ist der 10. Hirn-Nerv, der Vagus-Nerv. Er ist der zweitlängste Nerv im Körper und verläuft vom Schädel durch die Verdauungsorgane bis hinein in die meisten Teile Deines Darms. Auf unser Bauchgefühl zu hören, ist demnach immens wichtig!

Denn alles ist damit verbunden und Dein ganzer Körper reagiert darauf und erzeugt in den verschiedensten Situationen Gefühle, die man nicht übergehen sollte. Du kennst bestimmt die Ausdrücke wie: „Schiss gehabt oder es schlägt mir auf den Magen oder ich habe ein komisches

Bauchgefühl bis hin zu den berühmten Schmetterlingen im Bauch, wenn man verliebt ist!"

Viele Traumata und Ängsten rühren aus der Kindheit, oft verursacht durch Bindungstraumata, welche sich dann auch oft in Beziehungen widerspiegeln.

Es wurde Liebe, Geborgenheit, Fürsorge und Sicherheiten vorenthalten, die aber unerlässlich für ein stabiles Fundament sind im Inneren.

Wir können die Vergangenheit nicht ändern, doch aber das HIER UND JETZT!

Wir sind jetzt an einem Punkt im Leben angekommen, wo Selbstverantwortung für das weitere Leben an erster Stelle steht.

Die Vergangenheit wurde bereits gelebt und ist nicht umkehrbar. Doch im Hier und Jetzt kannst du dich entscheiden welchen Weg du wählen möchtest innerhalb deines wundervollen und wertvollen Lebens!

Der Darm steht für die Fähigkeiten, die Dinge des Lebens fließen zu lassen, für den Fluss des Lebens. Schon die Darmtätigkeit steht für die Symbolik von Geben und Nehmen, Festhalten und Loslassen, passiv und aktiv, einatmen und ausatmen.

Gefühle, die zugeordnet werden, sind u.a.: die Angst etwas falsch zu machen, nicht wichtig zu sein, abgelehnt zu werden, sich nicht sicher zu fühlen, nicht zu gefallen, jemanden zu verlieren.

# Die Schilddrüse

Die liebe Schilddrüse, unser Schmetterling im Hals. Die Schilddrüse hat es als Organ in jeder Hinsicht in sich. Sie ist sehr empfindlich und reagiert auf alle Störungen im Körper. Sie ist sehr klein und doch ist sie sehr weitreichend in ihren Auswirkungen auf unseren Organismus. Sie hat zwei Flügel, die sich links und rechts an die Luftröhre schmiegen, unterhalb des Kehlkopfes, Kehlkopf-Chakra. Deshalb steht die Schilddrüse auch für den Ausdruck der Sprache sowie durch ihr Schild für den Ausdruck des Schutzes!

Sie ist außerdem auch die Übergangstelle zwischen dem Denken und dem Fühlen. Dieses wundervolle Organ hat auf alle Bereiche des Körpers sowie der Seele Auswirkungen. Die Hormone der Schilddrüse regeln im Körper daher den Stoffwechselhaushalt, den Energie-verbrauch, den Wasserhaushalt und die Regulation der Körpertemperatur, sie wirkt sich auf die Muskelfunktionen, das Herzsystem, das Nervensystem, das Verdauungs-system und auf unsere sexuellen Tätigkeiten aus. Sie beeinträchtigt somit unser seelisches Wohlbefinden in allen Bereichen.

Die Themen der Schilddrüse sind:

Körperliche und geistige Entwicklung von Kindern, Wahr-nehmung des tiefsten Inneren, das Erkennen wer wir sind und was wir in die Welt mit einbringen wollen!

Menschen, die ein Ungleichgewicht innerhalb der Schild-drüse haben (5. Chakra, Kehlkopf), leiden sehr oft unter Traurigkeit, Gefühlschaos, mangelnder Ausdrucksweise ihres Seins. Oft wurden Menschen mit Dysbalancen in der Kindheit unterdrückt, sie konnten sich nicht entfalten, so wie es eigentlich die kindliche Natur vorsieht. Sie wurden indoktriniert von außen, von den Eltern, den Lehrern, Großeltern, ihnen wurde ein Leben vorgelebt, welches sich aber nicht mit dem deckte, was sie sich wünschten. Siehe meine Geschichte.

Viele Kinder erlitten auch oft Missbrauch in Form von körperlichem oder auch seelischem Missbrauch und Lieblosigkeit. Bei vielen Erwachsenen liegen viele, verborgenen und traumatische Erfahrungen in Inneren begraben, die sich zeigen und bemerkbar machen, wenn sie älter sind. Es gibt heut zu Tage so viele Menschen, mich eingeschlossen, die an einer Schilddrüsen Unter- oder Überfunktion leiden.

Meistens sind leider Frauen betroffen, da die Schilddrüse in einer engen Verbindung steht mit der Gebärmutter, dem Unterleib, den Eierstöcken/ Eileiter, wo alle Eizellen gespeichert sind.

Viele Frauen, die Fehlfunktionen der Schilddrüse haben, hatten auch oft Verletzungen im Unterleib erlitten, wie einen Kaiserschnitt, einen Damm-schnitt, Ausschabungen oder auch Entfernung der Eierstöcke bis hin zu sexuellem Missbrauch.

Alle diese Erfahrungen sind mit vielen Emotionen verbunden, die sich im Laufe des Lebens zu Wort melden. Frauen die zum Beispiel viele Piercings haben in diesen Bereichen ihres Körpers und auch in anderen Bereichen, können dauerhaft Probleme mit dem Unterleib be-kommen und auch in anderen körperlichen Bereichen, da Piercings Energien ableiten bzw. zerstreuen und den Energiefluss der Meridiane blockieren.

Denn dort wird die Energie dauerhaft blockiert und wie wir wissen, wo Energie nicht frei fließen kann, dort entsteht ein Stau/eine Blockade, welche sich in Erkrankungen manifestieren kann, da sich die Energien andere Wege suchen müssen, um fließen zu können und dort kann ein Überfluss an Energien entstehen die sozusagen am „überschwappen" sind.

Es ist wie mit dem Wasser, es fließt!

Baust du am Bach einen Staudamm, dann sucht sich das Wasser einen anderen Weg oder es kommt zu einer Überflutung!

Fragen zum Thema Schilddrüse: Konnte ich als Kind mich verbal mitteilen und sagen was ich fühle und denke? Konnte ich meinen Wünschen Ausdruck verleihen? Kann ich heute meinen Wünschen Ausdruck verleihen? Traue ich mich meine Gefühle mitzuteilen heute? Habe ich oft Rachegedanken oder Wut und Hass gegenüber bestimmten Personen (die Leber ist das Organ, welches die Wut speichert)?

Befinde ich mich gerade in einer emotionalen Krise? Lebe ich mein Sexualleben so wie ich es möchte? Werde ich wahrgenommen auf Grund meiner Persönlichkeit oder sieht mich niemand? Habe ich den Mut meine Ängste auszusprechen und mich meinen Ängsten zu stellen? Kann ich mein Herz öffnen und fühlen?

Dadurch das in jeder weiblichen Eizelle, auch die Emotionen der Mutter und Großmutter und deren Mutter in der Ahnenreihe, samt Erfahrungen gespeichert sind, kannst du auch vieles von dort übernommen haben und ein Teil Deiner Lernaufgaben in diesem Leben ist es, die Heilung deiner Ahnenreihe!

Gut dazu eignet sich das Arbeiten innerhalb deiner Akasha Chronik, wo ich ebenfalls schon viele Menschen ausgebildet habe.

Bezugnehmend auf die Eizelle und Epigenetik, habe ich auf meinem YouTube Kanal auch ein Video gemacht, welches noch ausführlicher ins Detail geht.

Die Schilddrüse steht für deine Zentriertheit, für deine innere Mitte! Sie ist das Eingangstor der Seele, der Energiekern, der im Inneren Botschaften aussendet. Wenn die Schilddrüse erkrankt, dann wird es Zeit zum inneren Kern, zu allem was ist, dem inneren Zugang zurückzukehren, auf den Weg, den sich die Seele für ausgesucht hat. Alte Lebensmuster sind nicht mehr gefragt und alte Glaubenssätze sollten losgelassen werden, die einen daran hinderten, seinen Weg zu gehen.

Tu das, was dich nährt und was dir guttut. Ich habe schon viele Seelenanalysen machen dürfen bei Klienten und Schülern, die ihnen einen Einblick in ihr eigenes Seelenleben ermöglichte.

Diese Seelenbücher-Soulbooks, wirkten dabei unterstützend, den Weg, den sich ihre Seele ausgesucht hat, zu verstehen und auch zu gehen. Auf eine neue Entdeckungsreise zu gehen.

Viele von Ihnen gehen jetzt ihren Weg, und sind endlich glücklich und nebenbei gesagt, verbesserten sich auch dazu rasant ihr körperliches Wohlbefinden.

Gehst Du den Weg deiner Seele, dann bist du im Fluss und somit frei von dauerhaften Blockaden innerhalb deines Systems! Zu kommunizieren ohne Angst ist hier deine Lernaufgabe.

# Die Nieren

Unsere lieben und sehr wichtigen Nieren, auch davon haben wir 2 in unserem Körper, welche für den Elektrolythaushalt, für den Wasserhaushalt und für den Ausgleich der Körperflüssigkeiten stehen. Die Nieren sind ein sehr wichtiger Teil unseres Ausscheidungs- und Entgiftungssystems und vor allem Filtern sie ungewünschte Giftstoffe aus (was die Leber schon in der Vorarbeit macht, d.h. die Leber entgiftet vor). Außerdem regulieren die Nieren den Blutdruck. Für was stehen die Nieren?

Sie filtern, reinigen und entgiften den Körper von vergiftenden Gedanken und von emotionalem Ballast. In der TCM gehören die Nieren zu dem Element Wasser, was auch irgendwie logisch ist, da sie ja Flüssigkeiten filtern und das Wasser auch Energien leitet.

Ich als TCM Therapeutin, hatte schon oft mit Menschen zu tun die ein sogenanntes „Wasserthema" haben. Dabei geht es immer um Themen rund um die Gefühlswelt, emotionale Konflikte, Disharmonien und Entscheidungs-findung.

Auch hier, wie schon bei der Lunge beschrieben, handelt es sich oft um Themen rund um die Partnerschaft, Ängste, Vertrauen, Schuldgefühle und Mut sowie Abwehr und Akzeptanz.

Ein Mensch mit Nieren und auch Blasen Problemen oder sogar Erkrankungen, fühlt sich oft unmotiviert, machtlos innerhalb einer Beziehung oder eines Konfliktes, wenn dieser Konflikt zu lange andauert, (zu unterscheiden von einer Verkühlung der Blase durch Wetterkälte oder Nässe).

Oft sind diese Menschen auch sexuell unsicher, unausgeglichen, haben zu hohe Erwartungen an sich selbst oder andere und sind. Sie fühlen sich oft ungerecht behandelt, nicht gesehen, oft auch Menschen die aus ihrer Opfer-haltung nicht herauskommen und auch nicht heraus-kommen wollen, weil sie vielleicht einen zu großen Krankheitsgewinn daraus ziehen.

Die Nieren, sowie alle anderen Organe auch, stehen in einem engen Zusammenhang mit den Zähnen. Je nach dem welcher Zahn zieht, schmerzt oder gar entzündet ist, sollte man auch die Organe und auch Wirbelsäule mit einbeziehen in ihrer Wechselwirkung. Auch hier habe ich bereits auf meinem Kanal ein gutes Video gemacht, vor allem für Eltern und Kinder, die erste Zähne bekommen, und sich die Organe gleichzeitig entwickeln.

Bei Kleinkindern merkt man sofort, welches Organ sich in der Zahnungsphase entwickelt. Die Nieren sind auch mit den Ohren eng verbunden, wer also oft Ohrenschmerzen hat, der sollte sich die Zähne und die Nieren anschauen und sich fragen, ob diese richtig filtern, und die Leber gut vorentgiften kann.

Der Körper ist ein Ganzes, und alles ist mit allem verbunden. Deswegen ist es auch hier sehr schade, dass einige Ohrenärzte (HNO) nur diese Gegend untersucht, aber leider nicht auf die Idee kommt, dass die Ursache bei den Nieren und dann vielleicht auch in der Psyche liegen könnte.

Durch Spezialisierungen der Ärzte, können oft leider keine ganzheitlichen Diagnosen erstellt werden und deshalb werden oft nur Symptome behandelt, die wiederum dafür sorgen, dass die Erkrankung immer mehr in die Tiefe des Körpers wandert, statt komplett behandelt zu werden.

In meiner Familie gibt es sehr liebe Menschen, die zig Medikamente, für verschiedenen Arten von Gebrechen einnehmen, und das Schlimme daran ist, dass diese noch mehr Störungen dauerhaft kreieren.

Es gibt zwei großartige Bücher von Uwe Gröber, das eine heißt: "Arzneimittel als Mikronährstoffräuber und das andere Buch heißt: "Mikronährstoffe!"

Sehr zu empfehlen, wenn du wissen willst, warum eine gesunde und ganzheitliche Ernährung so wichtig ist und warum diese, die Grundbausteine für deine Zellen enthält.

In der TCM wird den Nieren der Sitz der Angst zugeordnet wie der Leber die WUT.

Daher haben sehr ängstliche Menschen auch oft Nierenprobleme und Blasenentzündungen, da sie dem Fluss des Lebens nicht vertrauen.

# Die Augen - Die Spiegel Deiner Seele

Die Augen sind ein Spiegel, sie spiegeln alle Emotionen wider. Empathische und sehr aufmerksame Menschen können die Sprache der Augen erfassen und lesen. Freut man sich und lacht, dann spricht nicht nur die Muskulatur des Mundes und die Mimik, sondern auch die Augen, die kleinen und großen Augenmuskeln, die Pupillen, die gesamte Iris (auch Regenbogenhaut genannt) und die Lider.

Menschen die Irisdiagnostik lehren, können einfach alles aus den Augen herauslesen, da jeder Teil des Auges eines bestimmten Organes zugeordnet ist und man anhand der Iris erkennen kann, um welches Organ es sich hierbei handelt. In der TCM wird die Gesichts- und Irisdiagnostik sowie die Puls- und Zungendiagnostik mit gelehrt. Sie deckt quasi den ganzen Bereich Deines Körpers und Deiner Seele mit ab und ist sehr aussagekräftig.

Wer kennt nicht den Satz: "Liebe auf den ersten Blick!" Wenn zwei Menschen aufeinandertreffen und sich tief in die Augen blicken, und eine so große Verbundenheit zu spüren ist, dass man das Gefühl bekommt man ist im 7. Himmel.

**Der blinde Fleck:**

aus anatomischer Sicht gibt es den blinden Fleck im Auge. Was ist damit gemeint? Das ist eine kleine Zone, in welcher sich KEINE Lichtrezeptoren der Netzhaut befinden. Der blinde Fleck steht spirituell gesehen für etwas an uns selbst, was wir selbst nicht wahrnehmen wollen. Es hat mit dem eigenen Selbstbild zu tun, wie du dich siehst und wie du andere Menschen um dich herum wahrnimmst.

Menschen die oft Augenprobleme haben oder sehr starke Brillenträger sind, denen sagt man nach, dass sie das, was sie erleben und wie ihr Leben ist, nicht sehen wollen.

Bindehautentzündungen, sie stehen für ein entzündliches Umfeld, welches man nicht sehen möchte oder gerne übersehen möchte, doch Menschen, die in so einem Umfeld leben oder arbeiten, haben hier ihre Lernaufgabe hinzusehen und etwas verändern zu dürfen, wenn sie es denn wollen.

**Die Verbindungs-Themen hier sind:**

Wahrnehmung und Klarheit über das Gesehene erlangen. Meinen Prinzipien treu zu bleiben, mir treu zu bleiben! Die Welt um mich herum zu sehen auch das was nicht direkt sichtbar wahrzunehmen!

Die Sicht in dein Inneres, in deine Tiefen, dein Wissen, deine Gefühlswelt, deine Gedanken und Träume, die Sicht in die Vergangenheit und in die Gegenwart und Zukunft, die Sicht in dein Leben, welches du kreieren möchtest, um dich wohlzufühlen!

Eng verbunden ist die Zirbeldrüse (auch das 3. Auge genannt und 6.Chakra), welche für die Intuition, die Erkenntnis, die Wahrnehmung und die Denkweise sowie für die Willenskraft steht. Sie ist ein wichtiger Teil der spirituellen Bewusstseinsentwicklung und zuständig für den Schlaf-Wach-Rhythmus und der Regulierung der Gedankenstrukturen.

Hier visualisierst man Bilder. Dann folgt die Hypophyse auch Hirnanhangdrüse genannt, diese steht im engen Kontakt zum 3. Auge und auch zum Kronen-Chakra.

Sie wird auch „Der Sitz der Seele genannt!" Dann noch die Leber, man sieht in den Augen direkt, wenn etwas mit der Leber nicht in Ordnung ist, zum Beispiel Hepatitis, sie ist laut der TCM auch der Sitz der Wut.

Und natürlich werden auch wieder bestimmte Zähne und der 2. Wirbel Axis, der erste ist der Atlas, auf dem unser riesiger Kopf sitzt, den Augen zugeordnet.

Sind im Bereich der genannten Wirbel Verletzungen oder auch Ver-schiebungen, so kann sich das ebenfalls auf das Seh-vermögen auswirken.

**Organsprache der Augen:**

Kurzsichtigkeit steht dafür, dass man das, was man direkt vor sich hat, nicht sehen will und nicht in die Zukunft blicken. Diese Menschen ziehen sich oft gerne in ihr inneres zurück, sie bleiben gerne bei sich und sind sehr auf sich selbst fixiert. Sie nehmen das, was um sie herum geschieht nicht richtig wahr und bauen sich oft Schutzmauern auf und lassen sich nicht gerne in ihre Seele schauen. Sie sind oft perfektionistisch veranlagt.

Weitsichtigkeit steht dafür, dass die betroffenen Menschen gerne einen Überblick über alles haben wollen. Die naheliegenden Themen interessieren sie dabei nicht ganz so, als das, was die Zukunft bringen könnten. Sie sind immer einen Schritt voraus und planen auch gerne alles im Voraus.

Sie können Fehler bei anderen sehr schnell und gut erkennen, doch wollen sie nicht so gerne mit ihren eigenen Fehlern konfrontiert werden!

Sie stellen sich nicht so gerne ihren Schattenseiten! Fragen, die du dir stellen kannst, sind hier für beide Themen:

Was will ich an mir nicht sehen?

Vor welchen Veränderungen verschließe ich mich?

Welche Situationen will ich nicht erleben müssen?

Was gefällt mir an meiner direkten Umgebung nicht?

Wovor habe ich in der Zukunft Angst?

Gibt es eine kommende Veränderung in meinem Lebensraum?

Bin ich vor Liebe blind und will nicht hinschauen in meiner Beziehung, was wirklich vor sich geht?

Gebe ich mich immer ruhig und gelassen, aber in mir wütet ein Sturm?

Bin ich authentisch mit dem was ich sage und tue in Verbindung mit meinen Emotionen?

Meine ich ja, wenn ich ja sage und meine ich nein, wenn ich „Nein" sage?

Tue ich oft etwas, nur um, des lieben Friedens willen? Bin ich EHRLICH ZU MIR SELBST?

Wobei die letzte Frage eigentlich die wichtigste Frage von allen Fragen ist: "Bin ich ehrlich zu mir selbst?"

Ein Mensch, der die Ehrlichkeit lebt, auf allen Gebieten seines Seins, der wird sehr wenig Blockaden aufweisen und vor allem sehr wenig Erkrankungen. Er hat gelernt auf sich und seinen Körper und seinen Geist zu hören und geht den WEG seiner Seele. So viel zum Thema Organsprache.

Ich habe hier nur einige Beispiele angebracht. Es gibt unzählige Lehrbücher darüber und großartige Seminare, wenn man sich mehr mit diesen Themen beschäftigen möchte.

„Ein Grund dafür, dass sich die Menschen vor Veränderung fürchten ist, weil sie sich stets auf das konzentrieren, was sie verlieren könnten, anstatt sich auf das zu konzentrieren, was sie dazugewinnen!"

Hast du dich schon mal intensiv mit dem Thema manifestieren auseinandergesetzt!? Das Wort manifestieren leitet sich ab von dem Wort „MANIFESTARE", aus dem lateinischen, welches so viel bedeutet wie „handfest /handgreiflich machen!"

Zu manifestieren ist ein sehr starker Prozess, den man für sich nutzen kann, um die eigenen Ziele und Träume dauerhaft zu verinnerlichen und nach ihnen zu handeln!

Gehe den Weg, den sich deine Seele für dich ausgesucht hat, nähre dich mit POSITIVEM und mit Dingen, Menschen, Essen und Trinken, welches dir guttut und was dich glücklich macht, denn alles andere ist nicht für dich bestimmt dauerhaft.

Vielleicht noch ab und zu als Lernaufgabe, doch irgendwann darfst du auch gerne deiner Seele folgen und nicht anderen Menschen. Warte nicht auf gute Momente, um glücklich zu sein.

Sei einfach glücklich und dankbar, und die guten Momente folgen von selbst, weil du diese durch deine hohe Schwingung anziehst. Liebe, Freude und Glück und Harmonie schwingen sehr hoch und erzeugen ein hohes Resonanzfeld, auf welchem dir, dann auch vom Universum geantwortet wird.

**Stellst du dir manchmal einige dieser Fragen?**

WIE kreiere ICH aus meinem Höheren Selbst heraus?

WIE überlasse ICH meinem HÖHEREM SELBST das Steuer?

WIE ziehe ICH Energien zu mir, die ICH in meinem Leben haben möchte und WIE lerne ICH dauerhaft zu manifestieren?

WIE lerne ICH Visionen und Ziele genau zu definieren und dass nicht aus einem Mangel heraus, sondern aus der Fülle?

WIE lerne ICH mit SCHMERZ und ÄNGSTEN umzugehen und diese zu TRANSFORMIEREN?

WIE erhöhe ICH dauerhaft meine Schwingungen, um genau das Leben zu leben, was ICH mir in meinen Wünschen und Träumen VORSTELLE?

WIE ziehe ICH die passenden Menschen und SITUATIONEN in mein Leben, die mich nähren und mich auf meinem WEG begleiten?

WIE schaffe ICH es aus dem NICHTS heraus meine Träume zu leben, meine Familie zu ernähren und trotzdem dauerhaft von positiver Energie erfüllt zu sein dabei?

WIE schaffe ICH es aus meiner Vergangenheit wie, Elternhaus, alte Beziehungspartner, traumatische Erlebnisse etc., die mich über Jahre blockierten, zu transformieren, so dass ICH wieder voll und ganz in meine 100%ige Kraft komme?

WIE schaffe ICH es liebevolle Beziehungen dauerhaft zu leben?

Kurz gesagt:

„WIE SCHAFFE ICH ES MEIN UMFELD SO ZU KREIEREN, DASS ICH DAUERHAFT LIEBE, GLÜCK, FRIEDEN, HARMONIE, REICHTUM, ERFÜLLUNG, WISSEN UND FREUDE IN MEIN LEBEN ZIEHE?" Wie kreiere ich mir MEINE NEUE MATRIX?

Aus vielen verschiedenen Mails heraus wurden ich gebeten, Wissen zu bündeln und einen Kurs daraus zu entwickeln oder ein Buch zu schreiben. Einen Online-Kurs, der es auch Menschen ermöglicht, die nicht persönlich zu meinen Kursen und Ausbildungen kommen können, von mir zu lernen. Zu lernen, wie man mit Energien umgeht und wie man diese auch für sich selbst und andere nutzt, sei es, Energien aufzutanken, heilend zu begleiten, den Energiefluss zu erhöhen, Stagnationen ausfindig zu machen um diese wieder in ein Gleichgewicht für Körper-Geist und Seele zu bringen.

Mit diesem wundervollen Kurs und diesem Buch, teile ich Wissen und helfen dauerhaft und nachhaltig Menschen, eine neue Matrix zu kreieren, welche auf ihrer Schöpfung aufgebaut ist! Du lernst zu manifestieren, zu kreieren und vor allem mit Energien und dessen Resonanzfeldern zu arbeiten, um diese für dich und dein Umfeld dauerhaft nutzen zu können. Der Folge- Kurs: "Die Magie von Reichtum, Fülle und Glück, in Neuerscheinung, hilft dir das Wissen dauerhaft zu integrieren!

# Die Reise zu Dir selbst beginnt!

Stelle dir vor, Du könntest von nun an und ich meine ab diesem Augenblick nur noch glücklich und erfüllt sein!

Stelle dir vor, alle deine Wünsche und Absichten wären Realität und du kannst dem Gefühl der inneren Leere endlich dauerhaft lebe wohl sagen und dich allen deinen Geschenken der Herausforderungen stellen, um diese zu meistern!

Wäre das nicht fantastisch?!?

Du lernst in diesem Kurs deine nichtphysischen und unglaublichen mächtigen Kräfte in dir aufzuspüren, diese zu fühlen, mit ihnen eins zu werden und dich ihnen hinzugeben, so dass Du diese intensiv für dich kennen-lernen und nutzen kannst.

Du lernst deine einschränkenden Muster und Gedanken, die dich dein Leben lang begleitet haben, sowie alle deine schlechten Angewohnheiten, die Gewohnheit geworden sind, loszulassen.

Du lernst jede Herausforderung als ein Geschenk an-zusehen und diese zu meistern, ganz gleich woher sie kommt und wie groß diese dir erscheinen mag!

Es gibt einige Menschen die es sehr, sehr schwer haben im Leben, doch ist es wichtig und bedenke, wenn du anderen Menschen helfen möchtest, ist es wichtig das DU selbst stabil genug bist, um anderen helfen zu können.

Jeder ist sein eigener Schöpfer und leider wissen dies noch zu wenige Menschen auf diesem Planeten, dass sie für ihr eigenes Wohlergehen selbst verantwortlich sind.

Sie erschaffen jeden Tag, meist unbewusst ihre eigene Realität und manifestieren auch unbewusst. Sie senden somit auch unbewusst Energien aus, die dazu führen, ein Resonanzfeld zu erschaffen, welches ihnen sehr schnell auf der gleichen Welle des Energieflusses antwortet und ihnen manchmal gleich die MANIFESTATION liefert!

Du selbst kannst nur für DICH erschaffen und somit ein Resonanzfeld kreieren, welches darauf antwortet. Du kannst aber nicht direkt für andere Menschen erschaffen, dies geht nur, wenn sie im Einverständnis mit dem sind, was du in Gemeinsamkeit manifestieren möchtest! Hier geht es um den „Freien Willen!"

Du kannst dein „ICH-BIN" nur vorleben und damit das Resonanzfeld der Erde erhöhen und dem Kollektiv dienen, indem Du hohe Schwingungen aussendest und darauf achtest welches Resonanzfeld du erschaffst und das geht nur, wenn du bei DIR bist und BEWUSST bist!

Sei bereit dich von alten Dogmen und dem alten Paradigma loszulösen und dann beschleunigt sich dein Leben von ganz allein.

Dein Wille ist hier wichtig. Nur wer wirklich will findet auch die Wege, bzw. die Wege werden sich von ganz allein auftun, die Dich zum gewünschten Ziel führen.

Du brauchst dafür nicht mehr Energie, denn diese ist bereits zu 100% in dir vorhanden, sie ist nur aufgeteilt in viele Bereiche deines Lebens, und vor allem verweilt sie auch bei vielen Menschen noch in der Vergangenheit, die einen oft hindert oder gehindert hat, den nächsten Schritt zu wagen in ein neues ICH.

Du lernst, wie Energien, die bereits in dir vorhanden sind, freier fließen und mit Hilfe der richtigen Absicht, diese für dich zu bündeln und neu aus-zurichten.

Du lernst hier LOSZULASSEN was du nicht ändern kannst und was du nicht in der Hand hast und

Du lernst zu dir selbst zu stehen und zu lernen das ein NEIN zu anderen auch ein JA zu dir bedeuten kann, welches dich nährt und dich im Fluss mit dir selbst lässt!

Du lernst kreative Wege zu finden, die im Einklang mit dir, deinem Höheren Selbst sind und den Fokus darauf zu lenken was Du willst, auf das was dich nährt und was dir guttut und den Weg deiner Seele entspricht. Dein Körper ist hierbei dein bestes Werkzeug, welcher auf zellulärer Ebene immer direkt widerspiegelt was gut für dich ist und was im Widerstand mit dir ist! Höre also auf Ihn:-)

Er ist ein sogenannter Vorbote für VIELES was sich in dir und deinem Umfeld abspielt! Bleibe dabei locker und entspannt, denn jede Anspannung erzeugt einen Widerstand, der sich im Außen oder innerhalb des Körpers manifestiert.

Lass es fließen...lasse auch diese Worte hier fließen, wenn du sie liest. Sie dienen, um zu wachsen, zu deinem Höheren Selbst zu finden. Diesem endlich das Steuer für dein wundervolles und einzigartiges Leben zu übergeben. Lasse dich navigieren!

Schau in dich hinein, du bist wundervoll und wunder-schön ganz genauso wie du gerade bist. Du bist einzigartig und besonders. Dich gibt es nur einmal auf der Welt. Dort wo du gerade stehts in deinem Leben, stehst du genau richtig. Sonst würdest du nicht jetzt diese Worte hier lesen.

Du hast dich dazu entschlossen diesen Weg zu gehen, zu gehen FÜR DICH!

Alles was du tust, tust du für dich. Deshalb ist es so wichtig wie du mit dir umgehst, und dass du deinen Selbstwert erkennst und Selbstliebe lebst. Du erschaffst ein Umfeld der Liebe und der Achtsamkeit, wenn du diese lebst und das auf ehrliche Weise.

Deshalb nannte ich auch meinen YouTube Kanal:" Der Ehrlichkeit begegnen TV!"

Denn die Ehrlichkeit sich selbst gegenüber ist der wichtigste Schritt in ein erfülltes Leben, sich seinen Schattenseiten zu stellen, diese offen zu legen und dazu zu stehen.Wenn man versteht, wird man sehr schnell merken, wie Stagnationen, d.h. Widerstände und Erkrankungen, die vielleicht dadurch entstanden sind, wieder zu fließen beginnen. Vieles von dem, was losgelassen wurde und offengelegt wurde, wie Lügen, die dadurch auf den Tisch gebracht worden sind, durch gelebte Wahrheit, endlich wieder den Fluss finden, der alles was dir nicht mehr dient, wegspült.

Unser Höheres Selbst ist so unermesslich GROSS, dass es nicht im Körper enthalten sein kann. Das Höhere Selbst ist so viel größer als der physische Körper, deshalb haben wir auch so viele Aura-Schichten über uns hinaus, damit meine ich unsere Energiekörper gehen über unseren Körper weit hinaus und dehnen sich aus im morphischen Feld (Quantenfeld).

Zitat von L. Jones:" Unser Leben wird sich enorm ausweiten und es wird uns selbst ungeheuer ermächtigen, wenn wir unsere Bewusstheit darüber erweitern, WER oder WAS wir jenseits der physischen Grenzen unserer Haut / unseres Körpers sind!

Das Nichtphysische ist die größere und die ewig währende ausgedehnte Macht, die unsere physisch existierende Welt hervorbringt, das Nichtphysische ist unser Herzschlag, der Sauerstoff, den wir einatmen und unsere Lungen erfüllt.

Fange also an, dich endlich mit dem zu identifizieren was noch viel GRÖSSER ist als dein Körper: DEINEM GEIST und DEINER SEELE und sei Dir bewusst, dass DU der Schöpfer bist deiner eigenen Realität mit allem was dich nährt.

Deshalb ist es auch so wichtig, zu verstehen, dass Nahrung nicht nur aus gesundem Essen besteht, sondern auch aus gesunder Energie, die Dich umgibt.

Mit gesunder Nahrung meine ich nicht Junk-Food. Du tankst ja auch nicht in einen Porsche Essigwasser oder Tee, sondern das, was er benötigt, um den besten Nutzen daraus zu ziehen.

Warum machen das so wenig Menschen mit Ihrem Körper?

## Warum leben so wenig Menschen im Einklang mit der Natur?

Bedenke immer, ein System was krank ist, kann keine gesunde Menschen oder Arbeitsbedingungen her-vorbringen, außer man steigt aus oder besinnt sich seiner Natur.

Gummibärchen und Hot Dogs wachsen nicht an Bäumen und sind nicht natürlich Lebensspender für die Zellen in deinem Körper die gute Mikronährstoffe benötigen, um wachsen zu können. Sei dessen bewusst und sei auch bewusst, dass du dich in deinem Wachstum selbst beschränkst, wenn du zu unnatürlichen Lebensweisen und Ernährungsgewohnheiten tendierst.

Du wirst nie an DEIN gewünschtes Ziel kommen, wenn du nicht bereit bist, im Einklang mit allem zu leben was ist.

Die DOSIS macht das Gift!

Wir essen auch ab und zu Schokolade und trinken mal eine Limonade. Doch konsumieren wir es nicht andauernd und täglich. Menschen, die sich dazu entschlossen haben zu wachsen und sich ihren unermesslichen Energien bewusst sind, haben mit der Zeit aufgehört, sich selbst zu zerstören, wie z.B. mit Zigaretten, Drogen und Junk-Food und Menschen, die ihnen nicht guttaten.

Auch ich gehörte dazu. Ich habe zum Beispiel geraucht und das gerne. Igitt, wenn ich heute daran denke, wie unbewusst ich gelebt habe in meinen jungen Jahren, und was ich alles meinem Körper zumutete.

Heute leben wir vegan/ vegetarisch, weil wir uns bewusst sind, dass alles was wir tun, Auswirkungen hat auf uns, und damit auch auf unser Umfeld!

Wir haben für uns entschieden:

"Wir können und wollen die Massentierhaltung einfach nicht tolerieren. Die unendlichen Qualen die Tiere erleiden, durch die Massentierhaltung durch den Menschen, die diese wundervollen Lebewesen schlachten. Jedem ist es freigestellt, wieviel Verantwortung er übernehmen möchte und wie bewusst man sich ist, dass alles eine riesige Auswirkung auf ALLES hat. Es bedingt einander und ohne Nachfrage kein Angebot!"

Oder als nächstes Beispiel die Tabakindustrie. Warum sollen wir weiterhin uns freiwillig Gifte auf unsere Lebensspendende Lunge atmen, die uns, und somit auch unserem Umfeld schaden, wenn wir sie einatmen und für andere rauspusten. Das muss man sich mal bewusst machen, was wir uns selbst antun, und somit auch indirekt allen Lebewesen in unserem Umfeld die nicht rauchen.

Wie viele Menschen rennen wegen Atemwegs-infekten zu Ärzten und hoffen, dass diese sie heilen können, mit ein paar Pillen, Asthmaspray oder Operationen.

Meine Kinder und ich finden es sehr eklig, wenn wir uns draußen in ein Lokal setzen oder in einen Park oder Spielplatz, und dort wird geraucht. Du wirst, ob du es willst oder nicht je nach Lage des Windes zu gequalmt. Erst recht die Kinder auf den Spiel-plätzen.

Viele Eltern rauchen völlig unbedacht, obwohl es verboten ist, auf Spielplätzen zu rauchen und lassen dann noch ihre Kippen auf dem Boden liegen, so dass die Krabbelkinder sie in den Mund nehmen können und dadurch vergiftet werden. Ich will hier keine Klageschrift verfassen, doch das sind eigenen Erfahrungen, die wir gemacht haben. Viele Menschen (NICHT ALLE) leben UNBEWUSST mit dem was TUN!

**WERDE BEWUSST - SEI WACH zu Dir selbst und gegen-über deinen Mitgeschöpfen!**

Im Laufe der Jahre als Therapeutin der Chinesischen Medizin, Lehrerin und Heilerin, wurde ich immer mehr bewusst, dass die meisten Menschen von unseren Systemen so indoktriniert sind, dass diese sich besser auskennen mit Autos, Kleidern, Küchen-geräten, Medien, Sex./ Pornografie etc., als mit ihrem

eigenen Körper und seinen unendlichen und unermesslichen Energie-potenzial!

Doch das Schöne daran ist, das wir jetzt mit vielen
anderen Heilern und Lichtarbeitern, an einem Teil
unseres Lebens auf der Erde angekommen sind.
WIR alle fangen an, unsere Systeme zu hinterfragen.
Zu hinterfragen was uns gelehrt wird, zu hinterfragen, ob alles, was die Werbeindustrie uns
vorgaukelt auch noch zu unserem Wohle dient auf
ethischer Ebene.

Ob alles was die Pharmaindustrie herstellt, auch zu
vertragen ist oder zig Nebenwirkungen hat, die uns
das Leben kosten könnten oder unser Leben
dauerhaft so beeinträchtigen, dass wir mit
Behinderungen zu rechnen haben und sogar
Organe aufhören zu arbeiten.

Sei bewusst, dass alle unbegrenzten Ressourcen
deines unendlichen „Höheren Selbst" dir jederzeit
und überall zur Verfügung stehen.

Die Frage, die man sich hier stellen könnte ist, ob
man auch auf Grund der eigenen Schwingungen
darauf eingestellt ist, und sich bewusst ist, auf
welcher Frequenz man sendet.

Oder lässt man zu, dass das physische Umfeld einen
beherrscht und man seine Macht ans außen abgibt!

Sei bewusst, dass alles, was aus dem morphischen Feld gesendet und empfangen wird eine Kreation dessen ist, was Menschen aussenden und empfangen.

Sei dir auch bewusst darüber, wo wir uns gerade befinden auf diesem Planeten, und welche Energien aktuell vorherrschen!

Dann überlege gut, was du bereit bist, weiter hier auszusenden und zu empfangen und was dein Anteil daran ist. Was bewirkst du dauerhaft mit deinem Konsumverhalten?

Das Geheimnis liegt darin, das, wenn sich alle ihrer unendlichen Macht bewusst wären, und der Macht der Energien, die außerhalb ihres Körpers existieren, und welche sie jeden Tag dauerhaft kreieren durch ihre Gedanken, und durch ihre Handlungen, dann würden wahrscheinlich weniger Menschen sinnloses Denken oder negatives Denken an den Tag legen.

Denn alles wird im morphischen Feld gespeichert und alles ist jederzeit abrufbar!

Der große Fehler bei Behandlungen von Erkrankungen ist, dass es Ärzte für den Körper gibt und Ärzte für die Seele, wo beides doch untrennbar miteinander verbunden ist. Man kann es nicht trennen und doch leben wir in einer Gesellschaft der Trennung!

Statt Ganzheitlichkeit zu sehen und Ganz-heitlichkeit zu leben innerhalb seines eigenen SO-Seins, begrenzen wir unsere eigenen wundervollen Fähigkeiten, indem wir im Trennungsbewusstsein leben.

Eckhart Tolle sagte einst so schön: "Nur ein Mensch voller Hingabe hat wirkliche spirituelle Kraft!".

Durch Hingabe zu dir selbst zu allem was ist, wirst du innerlich von der Situation frei. Dann kann es passieren, dass die Situation sich völlig ohne dein ZUTUN ändert!"

Damit meinte er, sich hinzugeben, und zwar sich selbst und seinen Gefühlen als ein Ganzes, ist der erste Schritt zu Dir SELBST.

Dein Selbst wird dir auch darauf hin antworten senden, die du durch deine völlige Akzeptanz deines Selbst erfährst. Nimm dich an so wie du bist, und höre auf, DICH von Dir abzutrennen, wie es so viele Menschen da draußen tun.

Ich nenne hier ein Beispiel: " Wie viele Frauen sind nicht zufrieden mit ihrer Figur, sie wünschen sich einen dünneren Bauch, weniger Cellulite, eine gerade Nase oder größere Brüste. Sie teilen sich und ihren Körper auf in Zonen. Sie sagen von sich: "Der Bauch ist zu Dick aber meine Beine mag ich und meine schönen Augen!" Verstehst du was ich damit meine?!

Du existierst NICHT in Einzelteilen. DU BIST EIN GANZES!

Und wenn du dich weiterhin von dir selbst trennst oder Eigenschaften und Körperteile von dir nicht annehmen kannst, dann trennst du dich auch von deinem Höheren SELBST, denn dein HÖHERES SELBST kennt keine Trennung, genauso wie deine Seele untrennbar mit DIR verbunden ist.

Du kannst nicht trennen, was zusammengehört. Und wenn Du es tust, so existiert es dennoch im Nicht-physischen-Bereich!

Und genau dort beginnt die Reise zu DIR SELBST, die du hier nun antrittst.

# Richte deinen Fokus, deine Aufmerksamkeit aus!

Was bedeutet eigentlich Fokus? Fokus ist nichts anderes, wie deine Ausrichtung auf etwas. Wohin richtest du deine Aufmerksamkeit!

Die Energie folgt der Aufmerksamkeit. Wenn ich in unseren Workshops Trommelreisen zur Meditation mache, liegen alle Seminarteilnehmer entspannt und eingekuschelt in Ihren Decken und lauschen den Trommelklängen und lassen diese durch sich hindurchfließen, ja sie nehmen sie regelrecht auf und schwingen mit den Schwingungen, die jede einzelne Trommel aussendet.

Glaub mir, es sind sehr kraftvolle Schwingungen, die in jeder Zelle zu spüren sind.

Unsere Teilnehmer befinden sich in einer regel-rechten Art von Trancezustand, die mir bis jetzt als sehr angenehm beschrieben worden ist. Sie reisen durch die Trommeln zu anderen Sphären, die sie sonst nicht erreichen würden, wenn sie sich vollkommen mit ihrer Aufmerksamkeit in der physischen Welt befinden würden.

Als Mensch in deinem Körper fokussierst du dich aus deiner eigenen Perspektive heraus, und das auf deine eigene und einzigartige Weise.

Du ganz allein erschaffst im Universum eine Erfahrung, die einmalig ist, da DU es ja auch bist!

Das Bewusstsein wird auf bestimmte Situationen oder Dinge gerichtet, und diese bringen entweder deine Schwingungen mit dem im Einklang was bereits ist und was du vorfindest oder du bist der Hauptfokus, und bringst alles um dich herum, mit dir in Einklang, indem du die Menschen um dich herum auf DICH aufmerksam machst, indem sie dir zum Beispiel zuhören.

Wie z.B. bei einem Referat, was du vorträgst oder du tanzt besonders toll und die Menschen bewundern dich für deinen Tanzstil etc.

**Hier eine kleine Übung:**

Schreibe Dir bitte hier 10 Situationen/Menschen oder Dinge auf, die im Außen dein Leben bestimmen und deine Gefühle bestimmen. Und schreibe bitte darunter, ob du dich damit wohl fühlst oder ob du dich damit im Widerstand befindest. Lasse dir bitte hierbei Zeit und überlege gut. Versuche hier, dich selbst zu reflektieren.

Hier ein Beispiel dazu:

Deine vorhandenen Gene und dein Umfeld und die Umwelteinflüsse bestimmen deine Gesundheit! Ist das wahr?

Dein Gefühl hierzu wäre vielleicht: "Ich fühle mich nicht wohl mit dem Gedanken, und würde gerne etwas verändern!"

Oder ein anderes Beispiel:

Mein Wohlstand und meine Finanzen werden durch die Wirtschaftslage bestimmt!

**Dein Gefühl hierzu wäre es vielleicht**: " Es stört mich in einer Abhängigkeit zu sein und möchte gerne unabhängiger werden!"

Diese beiden Beispiele sollen dir aufzeigen, wo du dich gerade in deinem Leben befindest und wo du gerne hinmöchtest. Das Wie, also wie du dann dorthin kommst, dass erarbeiten wir dann gemeinsam, indem wir uns auf komplett auf Lösungsansätze fokussieren!

# Werde zur mächtigsten Kraft in deinem Umfeld!

„Warum?", Fragst Du Dich jetzt bestimmt.

Das morphische Feld, mit all seinen gespeicherten Energien und Erlebnissen, welche seit vielen tausenden von Jahren vorherrschen, hat so eine Stärke auf das Bewusstsein der Menschheit entwickelt wie nie zuvor.

Überlege mal wie rasant die MENSCHHEIT WÄCHST auf unserem Planeten, als ich auf die Welt kam 1971 waren wir bereits fast 4 Milliarden Menschen und jetzt!?!

WOW!! ...die ERDE explodiert förmlich und die Energien auch. Andere Schwingungen können einen überrollen wie eine Lawine, wenn du selbst nicht zur mächtigsten Kraft wirst in deiner Realität.

Wichtig ist, zu lernen wie du dauerhaft deine Schwingungen halten kannst ohne aus der Mitte geworfen zu werden.

Unbewusst neigen wir dazu uns anzupassen und uns auf die äußere Welt einzustellen. Wenn du dies jedoch jetzt drehst in deinem Aura-Feld, dann beginnt dein äußeres Umfeld sich auf dich auszurichten.

Denn: „DU BIST DIE MÄCHTIGSTE KRAFT!" unabhängig davon, was andere Situationen oder Menschen dir anbieten werden, du stehts in deiner eignen Mitte fest verwurzelt und bestimmst auf welcher Frequenz DU senden wills und wo du für dich gehen willst!

Lebe deine Wahrheit und Vollkommenheit und du wirst die mächtigste Kraft werden. Durch deine harmonische und ausgerichtete Frequenz (Schwingung) und durch deine Zentriertheit hast du die Möglichkeit andere Felder von anderen Menschen, die dich umgeben oder die dir begegnen wieder energetisch auszurichten, wenn dein Gegenüber es zulässt und nicht gerade im EGO verweilt.

Entwickle daraus eine Kraft der Absicht, manifestiere und handle. Deshalb ist es einigen Menschen möglich weiterhin, egal welchem Konflikt sie gerade ausgesetzt sind, hochzuschwingen, weil sie sich selbst dazu entschlossen haben, die stärkste Kraft zu sein. Es ist eine Entscheidung!

So kannst du anderen Menschen helfen aus niedrigeren Schwingungen herauszukommen, OHNE dass du von ihnen nach unten gezogen wirst. Denn du bist zentriert.

Ich hatte mal eine Klientin, die mit vielen Problemen zu mir kam, angefangen von der

Trennung ihres Partners bis hin zum Jobverlust und stetigen Familienkonflikten, worauf körperlichen Beschwerden folgten, die sich dauerhaft manifestierten.

Sie regte sich darüber auf, warum ich bei der ersten Sitzung so ruhig geblieben bin und ihr nur zuhörte, statt sie ständig zu trösten und mich auf Ihre Frequenz zu begeben.

Ich sagte ihr ganz klar, dass ich auf ihrer Frequenz, auf der ihre Probleme entstanden sind, keine Lösungen finden werde. Und dies nur geht, wenn ich in meiner Mitte, bleibe und Mitgefühl für sie habe, aber nicht mitleiden würde.

Denn auf der Ebene, auf der Probleme entstehen, können sie nicht gelöst werden! Genauso ist es auch im Umfeld bei kranken Menschen. In dem Umfeld, wo ein Mensch erkrankt ist, kann er nicht gesunden!

Sie verstand was ich meinte und lies sich auf einige lösungsorientierte Sitzungen mit mir ein. Heute lebt sie in ständiger Action und genießt es, die mächtigste Kraft zu sein in ihrem Umfeld und Menschen genauso auf ihrem Weg zu unterstützen, so wie ich es tue.

Wir tauschen uns noch heute regelmäßig aus und sie ist glücklicher und gesünder denn je.

Sie hat ihr Leben und ihre Einstellungen von Grund auf geändert und so geändert, dass diese IHR dienen und sie im Einklang mit ihnen lebt. Ihre vielen Erkrankungen und haben sich fast alle aufgelöst, da Energie jetzt wieder frei durch ihren Körper fließt. Sie hat Reiki integriert und einige schamanische Praktiken und hat sich selbst ein Frequenzprogramm zusammengestellt, welches sie jeden Tag in ihrem Alltag nutzt.

Es geht alles, WENN DU ES WILLST! Es gibt den schönen Satz:

"Wer nicht will findet Gründe – Wer will findet WEGE!"

Zu welchen Menschen gehörst Du?

Dieses Buch ist und auch meine ganzheitlichen Kurse, sind genau das Richtige, wenn du bereit bist, alte Gewohnheiten, alte Muster und alte Dogmen loszulassen.

Ich fragen immer meine Klienten, ob sie bereit dazu sind, alte zerstörerische Lebensgewohnheiten loszulassen (wie zum Beispiel Junk-Food, Rauchen, Alkohol, Zuckersucht zu viele Milchprodukte etc.) denn das ist notwendig, um eine Wende erfolgreich zu erzielen, und das dauerhaft.

Kleine Schritte sind besser als keine und ich unterstütze jeden, der bereit ist, mit kleinen

Schritten anzufangen, bis dass das Ziel erreicht ist, von dem geträumt wird, und welches in Deinen Gedanken gesät und kreiert worden ist.

Ich arbeite immer ganzheitlich! Ich sehe den Menschen in seiner Ganzheit und Vollkommenheit und begleite Menschen hierbei, dass sie sich selbst wieder als ein GANZES betrachten und wahrnehmen. Denn alles gehört zusammen, sowie die Nase und die Ohren und der Mund zum Kopf gehören, so gehören sie auch zum ganzen Körper. Sowie dein Energiefeld und die Energiezentren (Chakren) die sich in deinem Körper befinden und ebenfalls dazu gehören.

Du bestehst nicht nur aus Einzelteilen, sondern ergibst ein wundervolles, machtvolles GANZES!

Denke immer daran, bei allen Interaktionen in deinem Leben wird sich immer die mächtigste Macht und Kraft/Energie durchsetzen. Siehe also jeden Konflikt als ein Lernfeld dessen an, deine Absichten richtig zu fokussieren (Deine Aufmerksamkeit richtig zu lenken), so dass deine Schwingung, das Gegenüber dazu einlädt sich mit dem HÖHEREN SELBST zu verbinden. Sei bewusst, und räume dir den Raum dafür ein, den du benötigst.

Du musst nicht perfekt sein, es ist wichtig, dass Du es immer wieder schaffst, dich zu zentrieren, d.h. in deine Mitte wieder zurückzukehren!

Macht zu haben ist weder gut noch schlecht, Macht hat ganz allein die Fähigkeit, eine Wirkung zu haben und auszustrahlen, genauso ist es mit dem Geld, es ist neutral, weder gut noch böse, es dient lediglich einem Zweck, doch den Zweck bestimmst DU selbst, und was es für dich an Bedeutung hat.

Wichtig ist, dass du deine Macht zu guten Zwecken nutzt und nicht für deine Bereicherung missbrauchst. Denn wenn das so wäre, würde das Universum nicht lange warten und dir eine kleine Lektion erteilen, bezüglich des Gesetzes der Anziehung. Wichtig ist was du kreieren und säen möchtest. Also sei dir deiner Macht voll bewusst.

Die Macht der Absicht (Intention) erlaubt, deine Wünsche so stark schwingen zu lassen, dass diese sich materialisieren müssen, wenn sie absolut stimmig sind, und damit meine ich, im absoluten Einklang mit dem sind, was du dabei empfindest.

Stimmt nur eine einzige Komponente nicht mit dem überein, was du dir vorstellst, dann wird sich das Ziel noch ein Stück in die Ferne begeben, bis dann auch alle anderen irgendwann übereinstimmen.

Ich habe auf meinem YouTube Kanal ein Video gemacht, über die Macht der unbewussten Gegenabsichten, die wir oft unbewusst in uns tragen, und somit verhindern, dass unsere Affirmationen nicht auf unsere Ziele greifen.

Viele senden Affirmationen aus, doch fühlen oder glauben sie diese nicht oder es stellt sich bei einer Affirmation ein negatives Gefühl ein, was eine Gegenabsicht automatisch kreiert.

Wenn du nicht selbst an dich und an deine Affirmationen glaubst, warum soll es dann das Universum tun!

Ein Beispiel: Eine Frau möchte unbedingt abnehmen und affirmiert jeden Tag: "Ich bin schlank und wunderschön". Sie steht jeden Morgen vor dem Spiegel und fühlt sich dick und hässlich und kann ihren Anblick nicht ertragen.

Sie kreiert unbewusst eine Gegenabsicht, und zwar diese, sich selbst nicht 100%ig anzunehmen so wie sie ist. Sie spricht und fühlt nicht ihre Wahrheit. Sie ist der Ausgangspunkt, der Sender, von dem alles aus geht und gleichzeitig die Empfängerin. Schöpfst du aus dem Mangelbewusstsein oder aus Unwahrheiten, so wird auf dieser Ebene auch empfangen!


Eine alternative Affirmation wäre hier, sich vor den Spiegel zu stellen und zu sagen: „ich bin auf dem besten Weg schlank und schön zu werden, und werde alles dafür tun, genau dorthin zu kommen.

Wenn du etwas erreichen möchtest, dann solltest du auch bereit dazu sein, den Preis dafür zu bezahlen. Der wäre, vielleicht einen Hormontest zu machen, Blutprobe auf Mikronährstoffe untersuchen, Ernährung und stressiges Umfeld ändern, Bewegung und Sport etc.

Dann kreiert sie sich eine Wahrheit, die mit allen anderen Komponenten harmoniert, und wenn dann noch der Wille dazukommt, auch etwas dafür zu tun, dann WOW!

**Eine schöne Übung hierzu ist auch, um nicht aus dem Training zu kommen:**

„Stelle dir vor, was DEIN neues schlankes „Ich bin" isst und trinkt täglich, z.B. 3 Liter Wasser am Tag trinkt, um den Körper und die Zellen zu versorgen. Stelle dir vor, wie dein neues „Ich bin" aussieht in schönen Kleidern oder im Bikini, und vor allem, wie es sich dabei fühlt. Wichtig ist die Macht für etwas zu verwenden und nicht über etwas zu haben! Bedenke, der freie Wille eines Menschen ist unantastbar, stelle dich niemals über den freien Willen eines Menschen!

Dass erzeugt Widerstand und kreiert ein niedrig schwingendes Energiefeld, welches nicht im Einklang mit deinem Höheren Selbst steht.

Vieles erledigt sich manchmal auch von ganz allein. Doch einige Situationen brauchen Handlungen,

Mut und den unbändigen Willen etwas verändern zu wollen. Das Essen kocht sich nicht von allein und der Einkauf flattert auch nicht einfach ins Haus und Geld verdienst du nicht durch Nicht-TUN!

Finde heraus was du willst und wo du hinwillst, und dann kreierst du deinen WEG.

WERDE EINS MIT DEM WAS DU WILLST UND ES WIRD SICH MANIFESTIERN! DA, IST ES JA BEREITS SCHON!

Alles was du dir vorstellen kannst, kann auch in deinem Leben existieren! Sei klar bei Deiner Absicht und authentisch!

Allein sich gut und glücklich zu fühlen ist bereits eine Manifestation von Energien die ausgesendet ein Resonanzfeld kreieren, welches es zulässt, dass du genau auch dort empfängst.

Schwingst Du niedrig, dann wirst Du in diesem MOMENT Situationen und Menschen anziehen, die ebenfalls niedrig schwingen. Sie schwingen auf der gleichen Frequenz, sie senden und empfangen wie DU!

Schwingst du hoch und bist liebevoll, glücklich, liebst und bist freudvoll und dankbar, dann wirst du Menschen und Situationen anziehen, die ebenfalls auf dieser Frequenz senden und auch empfangsbereit sind. Stelle dir vor, wozu du in der Lage bist! WOW, ist das nicht wundervoll?

Viele Menschen wünschen sich einen perfekten Partner oder den Traumjob, ein Haus am Meer oder in den Bergen oder sie wollen andere Situationen und materiellen Dinge manifestieren, doch es lassen sich viele leichter und schneller Gefühle dazu erschaffen! Gefühle sind das Manifest deiner Endergebnisse und viel leichter dauerhaft zu kontrollieren und zu kreieren.

Werde dir deiner Gefühle bewusst, sie sind die wertvollsten aller Manifestationen, denn das richtige Gefühl ist ausschlaggebend für Dein Ergebnis und natürlich auf für deinen Erfolg!

Der Erfolg ist das was dir folgt, wenn du dir selbst folgst - d.h. den Weg deiner Seele gehst!

Der Schlüssel zu allem liegt also in dir, in deinem Selbst. Sei bereits glücklich OHNE all diese Dinge, Menschen und Situationen, die du dir wünschst, und damit meine ich unabhängig davon, ob du dein Haus oder deinen Partner bereits hast oder nicht.

Deine Schwingung/Frequenz, d.h. deine Emotionen, die eine Schwingung erzeugen, aus-gelöst durch deine Gedankenwelt, sind der Schlüssel zu allem.

**Alles beginnt bei dir und endet bei dir.**

Warum solltest du dann freiwillig deine Macht abgeben an andere Menschen und Dinge und dein Glück davon abhängig machen, ob du etwas besitzt oder deinen Herzensmenschen an-gezogen hast. Überlege mal, das wäre ja schrecklich, dann würdest du dich ja dauerhaft dazu entschließen so lange nicht glücklich zu sein, bis das der Herzensmensch oder der Gegenstand in Deinem Leben ist. Es ist wie eine Schleife.

**Du bist das Resonanzfeld und sendest!**

Sich wohlzufühlen ist nicht bloß der erste Schritt im ganzen Prozess der Manifestation-es ist einfach ALLES!

Erschaffe dir den Platz dafür in deinem Inneren. Du kannst genauso gut auch JETZT glücklich sein, es ist eine Entscheidung!

Sei dir bewusst, dass mehr Geld oder ein Partner nicht dafür entscheidend sind wer du bist und wie es dir geht!

# Die Erschaffung einer neuen Matrix!

Wie du aus den vorherigen Kapiteln lesen konntest, was für ein machtvolles und wundervolles Wesen du bist und wie du lernst hochzuschwingen. So erzähle ich jetzt, wie man eine neue Matrix erschaffen kann.

Gedanken und Gefühle bilden die Grundlage der Matrix auf der die Schöpfung aufgebaut ist. (Hierzu gibt es auch viele wunderbare Bücher von Rupert Sheldrake, Dr. Bruce Lipton und Kurt Tepperwein u.v.a.)

**Was bedeutet eigentlich das Wort Matrix?**

Eine Matrix ist eine Anordnung von Mustern, die sich zusammenfügen bzw. die eine Grundmasse, einen Verbund oder eine Organisationsform darstellen! Also Muster, die einander bedingen und sich organisieren im Quantenfeld und damit meine ich im Umfeld eines jedes Menschen.

Die Matrix, welche hier gemeint ist, bezieht sich auf die Anordnung von Gedanken, Gefühlen und Informationen, die wir aus dem Inneren unseres Kerns heraus erstellen und mit Anordnungen im Außen verbinden.

Dieses Konstrukt ergibt unsere Schöpfermatrix, eine Matrix, die Wir uns selbst erschaffen und manifestieren durch Schwingungen, die wir erzeugen und dadurch ein Resonanzfeld erschaffen.

**WIR sind SENDER und EMPFÄNGER.**

Wichtig zu wissen ist, wenn du deine Aufmerksamkeit auf das richtest, was du kreieren, fühlen und erleben möchtest, werden Informationen, Umstände und Ressourcen magnetisch an diese Matrix angeheftet.

Denke daran, du erzeugst ebenfalls eine Matrix mit negativen/niedrig schwingenden Gedanken oder Handlungen indem du deine Aufmerksamkeit auf das lenkst, was DU NICHT WILLST! Warum sollte man Gedanken verschwenden, an das was man nicht will? Jeder Gedanke sollte dahinfließen, zu dem, was man sich in sein Leben ziehen möchte, doch hierbei bitte auch daran denken, dass es nicht dazu gehört, jemand bewusst Schaden zuzufügen, denn auch das erzeugt eine Matrix.

Diese Schadens-Matrix, die man sich selbst kreiert hat, wird angefüllt mit unerwünschten Elementen aus dem physischen und psychischen Bereich deines Selbst.

Sie erzeugen niedrigere Schwingungen und erzeugen somit ein Resonanzfeld, das auf dieser Frequenz sendet und empfängt!

ALLES BEGINNT IN DEINEM KOPF!

DESHALB GEHE DIREKT ZUM URSPRUNG VON ALLEN MATERIALISIERUNGEN - DER URSPRUNG LIEGT IM „NICHTPHYSISCHEN BEREICH" - ALSO DEN GEDANKEN!

Man kannt so vieles verändern und verhindern, wenn man sich direkt darüber bewusstwird, dass alles im INNEREN beginnt, in der erzeugten Energie der Gedanken, worauf energetisch Bilder und Emotionen folgen, um diese Energie ins außen zu senden.

Einer meiner Mentoren sagte einmal in einem seiner Interviews:

"Auch Räuber und Menschen, die Ihr Geld mit niedrigen Energien verdienen (wie z.B. Menschen die Drogen oder Tabak oder Alkohol verkaufen oder Lebensmittel, die schädigend sind, etc.) sind die, die am reichsten sind. Warum ist das so?!

Weil sie sich eine Matrix erschaffen, die genau das verbindet und Menschen anzieht, die bereit sind, dafür Geld zu bezahlen. Mit der richtigen Werbung und Manipulation funktioniert dies prima!

Denn sie beherrschen die Kraft der Absicht zu meistern, und zu erschaffen in ihrem Gebiet. DU kannst dies genauso mit deinen Gedanken. Es geht nicht darum, wie spirituell ein Mensch ist oder wie religiös oder gut oder böse. Es geht jetzt ganz allein darum, zu verstehen, dass jeder Mensch kraftvolle Absichten kreieren kann, so dass diese sich im Außen manifestieren. Dir allein ist es überlassen zu entscheiden WAS, WIE, WANN und WO Du kreieren möchtest.

**Du bist der Schöpfer!**

Umso stärker, machtvoller und kraftvoller die Kraft der Absicht ist, umso mehr sei bewusst, worauf die Aufmerksamkeit gerichtet wird. Prüfe daher immer die Ge-danken. Wenn das, was gedacht wird so stark ist, dass es Deine Schwingungen nach unten senkt, wird dich dies mehr beeinflussen, als du es beeinflussen kannst. Dann wird diese „niedrigere Schwingung" in diesem Fall die machtvollste Kraft sein! Achte also genau auf deinen Fokus.

Deshalb ist es so wichtig bei Dir und bei Deiner Absicht zu bleiben, damit du die mächtigste Komponente (Kraft) bleibst.

# Fokussiere gleich das gewünschte Ziel!

Wenn du etwas in Deinem Leben neu erschaffen möchtest und dich weiter entwickeln möchtest, dann ist es das Beste und das wirksamste, gleich das Gefühl für dein Ziel zu entwickeln. So, als wenn Du es bereits erschaffen hast und es bereits erlebst! Es ist eine reine Übungssache und die Zeit wird dich lehren, wie du direktes Manifestieren bewirken kannst.

Empfehlung: Richte die Aufmerksamkeit auf das große Ganze, damit meine ich, öffne dich für alle Wege, auf denen das Universum dir senden kann. Damit hältst du dir alle Optionen offen für das Universum, welches dir dann ein Ergebnis auf verschiedenen Wegen und Ebenen abliefern kann. Zum Beispiel wünschst du dir mehr Geld.

Wenn du deine Gedanken und den Wunsch Geld zu empfangen, nur einer Option (Möglichkeit) die Chance gibst, dann kann es eventuell ewig dauern, bis sich der gewünschte Geldsegen einstellt. Wenn der Wunsch ist:" Ich bestelle mir, dass mein Arbeitgeber mir mehr Lohn zahlt und der Fokus, mehr Geld zu bekommen „nur" auf der Lohnerhöhung liegt, dann sabotierst du dir die anderen Wege!

Andere Wege sind: wie z.B. ein Geldgeschenk zu erhalten, Geld zu gewinnen, eine Spende zu bekommen oder gar eine Erbschaft oder auch Geld in Form von Gegenständen, die einen gewissen Wert haben, wie Schmuck. Ein neuer Wagen oder auch Rabatte beim Einkaufen.

Das wäre doch toll, aus allen Ecken des Universum Geld zu empfangen.

Deine Aufgabe ist es nun, die positiven Gefühle dauerhaft zu erhalten, damit meine ich, dauerhaft hochzuschwingen, und alles was dich auf deinem Weg einschränken könnte wie, negative und blockierende Gedanken, Personen oder Situationen gezielt aus dem WEG zu gehen.

Bleibe auf deinem WEG! Übe es, bis es komplett in Dich über geht!

Wünsche zu haben, gehören zu unseren Grundbedürfnissen, wir wünschen uns etwas und fühlen es und sehen es schon vor unseren Augen. Zum Beispiel den Wunsch einen wunderschönen Kinonachmittag mit der Familie zu verbringen oder Lust auf ein leckeres Eis. Was machst du in diesem Moment?

Zuerst kommt der Gedanke und das Bedürfniß und das erzeugt ein Gefühl und dann handelst Du, indem du deine Familie einlädst oder Dir ein Eis kaufst.

Du kreierst Dir Deine Matrix, wie sie aussehen könnte und manifestierst diese im Außen.

Jetzt denkst Du vielleicht, na ja, das ist ja einfach, das kann doch jeder!

**Klar kann es jeder. Gefühle werden unmittelbar hervorgerufen und umgesetzt!**

Wie sieht es aber aus mit größeren Wünschen, wie einen neuen Job, einen Partner oder eine Reise oder ein Auto aus? Wie oft haben wir erlebt, dass unsere Schwingungen absacken und wir uns demotivieren, weil wir denken: "Das ist zu hoch für mich oder das schaffe ich nie oder ich werde niemals so viel Geld verdienen um mir das leisten zu können!".

Da wären wir wieder in Deiner Vergangenheit, in alten Konditionierungen und Indoktrinationen, die uns unser Leben lang geformt und begleitet haben!

Doch bedenke, Du hast die Möglichkeit entweder in der Vergangenheit zu leben und Dir weiterhin einzureden, dass Du all das nicht haben kannst, weil Du eine schlimme Kindheit hattest oder Eltern die Dich unterdrückt haben. Lehrer, die Dir immer wieder gesagt haben, dass Du ein Versager bist oder auch EX-Partner, die dich schlecht behandelt haben. Auch hier hast Du Dir Deine Matrix kreiert.

Diese Menschen sind oder waren ein Spiegel dessen, was Deiner Schwingung entsprach. Viele kommen zu mir und erzählen immer wieder die gleichen Geschichten aus der Vergangenheit. Sie erzählen mir, warum sie so sind, wie sie sind. Warum sie nicht vergeben können, denn sie haben ja schreckliches erlebt. Bis ich ein **STOPP** gebe! Auf der Ebene, wo Probleme entstanden sind, können sie nicht gelöst werden und die Vergangenheit ist schon gelebt, sie ist vorbei!

**Das HIER UND JETZT ist das, was als Ausgangslage dient!**

# Lass uns Lösungen finden, statt die Vergangenheit mit Ihren Problemen weiter zu nähren! Sie ist vorbei!

Viele halten sich oft an den alten Schmerzen fest, um Gründe dafür zu finden, warum sie sich nicht weiterentwickeln können. Sie wollen es einfach nicht! Und warum nicht?

Weil diese alten Muster einen Gewinn ihr Leben lang für sie darstellten, ihnen Halt und vermeintliche Sicherheit gaben. Denn das war das, was sie bereits kannten, was ihnen vertraut war.

Ich hatte eine Klientin, die wollte sich zuerst verändern, und als es darauf ankam, wirklich etwas dauerhaft zu ändern und alte selbstzerstörerische Gewohnheiten loszulassen, sagte sie zu mir:" Wenn ich damit aufhöre, dann verliere ich meinen Behinderten Status und somit meine frühzeitige Rente!"

Es gibt Menschen, die aus Ihren Geschichten einen dauerhaften Gewinn machen, sei es ein Krankheits-Gewinn bei den Kassen oder bei der eigenen Familie, bei den Freunden. Denn alle sollten ja Verständnis dafür aufbringen sollten, dass dieser

Mensch ja so sehr krank ist oder so viele traumatische Erlebnisse erlebt hatte.

Ich will nicht verurteilen, doch ich selbst, gehören zu den Menschen, die viele Traumata erlitten haben. Ich hatte eine schlimme Ehe und bin fast todgeprügelt worden in meiner ersten Schwangerschaft. Ich wurde eingesperrt und täglich misshandelt und dennoch liebe ich das Leben und habe mich daraus befreit.

Ich habe mich dafür entschieden habe, mein Leben in die Hand zu nehmen und mir meine eigene Matrix der Liebe und der Fülle zu kreieren, die ich erleben wollte.

Ein Leben in Liebe und Harmonie und Frieden. Genau dafür musste ich meine Vergangenheit, die ich ja bereits durchlebte, loslassen. Sie hinderte mich an meinem Glück, glücklich zu sein. Ich wollte diesen alten schmerzhaften Emotionen keinen Raum mehr zur Verfügung stellen in meinem Körper-Geist-Seelen System, welche mich nur weiter vergiften würden.

Es macht keinen Sinn immer und immer wieder sich in die Vergangenheit zu begeben und die Gefühle, die von dort ausschwingen, immer und immer wieder zu erfahren nur OHNE diese Personen, die damals daran beteiligt waren und in meinem heutigen Leben nicht mehr existieren!

Zu verstehen, dass dich das nicht weiterbringt und dich dauerhaft stagnieren lässt in deiner Entwicklung, du dauerhaft niedere Schwingungen aussendest und somit dauerhaft ein Resonanzfeld kreierst, dass weiterhin Menschen und Situationen in dein Leben ziehen wird, die dies ebenfalls tun. Was bist du dir Wert?

Du wirst solang denselben Typ Partner in dein Leben ziehen, bist Du verstanden hast, dass du es bist, der entweder immer und immer wieder Ehrenrunden drehen muss, oder endlich kapiert, dass nur du deine Matrix hier verändern kannst.

„Es ist nicht dein Job toxische Menschen zu entgiften, es ist dein Job, den Teil in DIR zu entgiften, der immer noch mit solchen Menschen in Resonanz geht!"

Deshalb kommen auch so gerne Menschen zu meinen Workshops, da sie dort lernen, dauerhaft eine Matrix zu kreieren, die ihr Leben wieder lebenswerter und glücklicher macht.

Die wahre Lebensaufgabe ist es, hohe Schwingung beizubehalten, da alles im Leben ein Resultat der Schwingungsfrequenz ist, auf der man sich befindet.

Und indem du das tust, was du liebst, inspirierst und entfachst du die Herzen anderer Menschen!

Entscheide dich wohin du möchtest und höre nicht auf, bis du da bist, denn sobald der Mensch sein Licht lebt, verändert sich alles- in seinem Körper, in seinem Leben und im gesamten Universum.

Wenn dich jemand schlecht behandelt, dann denke immer daran, dass bei ihm etwas falsch läuft und nicht bei dir. Hochschwingenden Menschen versuchen andere nicht klein zu machen, um sich selbst größer zu fühlen!

Eine echte Kommunikation findet dann statt, wenn beide Parteien die Wahrheit anstreben und nicht Recht haben wollen!

Ein Mensch hat genauso viel MACHT über Dich, wie Du bereit bist ihm zu geben.

# Der Umgang mit Konflikten!

**Wenn Du Konflikte vermeidest, um den Frieden zu wahren, dann beginnst Du einen Krieg in Dir!**

Eine andere Art der Veränderung als die durch dich selbst, entsteht dann, wenn das Leben dir Menschen und Situationen schickt, die dich sowohl fordern als auch inspirieren.

Solang du dich bemühst, andere zu beindrucken, solang bist du von dir selbst nicht überzeugt!

Solang du danach strebst, besser als andere zu sein, zweifelst du an deinem eigenen Wert!

Solange du versuchst dich größer zu machen, indem du andere kleiner machst, hegst du Zweifel an deiner eigenen Größe!

Wer in sich ruht, braucht niemandem etwas zu beweisen. Wer um seinen Wert weiß, brauch keine Bestätigung von außen. Wer seine Größe kennt, der lässt anderen die ihre!

Stelle dir mal die eine Frage:" Was ist, wenn alles, durch das Du gerade durch gehst, dich vorbereitet auf das WUNDERBARE, um das du gebeten hast und wofür du an dir gearbeitet hast?

Alles, und zwar alles was dir in deinem Leben geschieht, geschieht so lange und wiederholt sich immer und immer wieder, bis du verstanden hast, WARUM es geschieht!

Wie in den vorherigen Kapiteln beschrieben, ist es wichtig, dass du verstehst, warum Zentriertheit, damit meine ich, in deiner Mitte zu bleiben, so wichtig ist. Es werden immer mal wieder Konflikte in deinem Leben auftauchen und das in den verschiedensten Intentionen.

Der Schlüssel darin liegt ganz allein in DIR und in der Art und Weise wie DU mit diesen nutzt.

Bist du bereit deine Macht abzugeben und die Energien der Aufmerksamkeit einem anderen Menschen oder einer anderen Situation zu überlassen? Oder möchtest du die stärkste Kraft sein und anderen Menschen helfen auf die nächsthöheren Schwingungen zu gelangen?

Denke immer daran, in einer Situation wo ein Problem entstanden ist, kann es nicht gelöst werden! Genau wie Erkrankungen nicht an dem Ort, durch Situationen, ungesunde Lebensweisen geheilt werden können, wo diese entstanden sind! Bewusst wiederhole ich dies, da einige Menschen es mehrfach lesen müssen, um zu verstehen, wie wichtig es ist bewusst zu sein!

Wichtig ist hier die Ehrlichkeit zu sich selbst zu leben und sich bewusst zu machen, was man im Leben kreieren und anziehen möchte.

Denn niemand kann dich dazu bringen, dich OHNE deine Zustimmung klein und minderwertig zu fühlen. Dafür bist du allein verantwortlich.

Nur du kannst entscheiden, wie eine Situation oder Menschen dich und dein Umfeld beeinflussen oder manipulieren. Warum sollten wir uns Sorgen und Gedanke darüber machen was andere von uns denken? Ist das Wichtig? Sorgen und Ängste sind nichts anderes, als selbsterfüllte Prophezeiungen, die sich einstellen, weil du sie selbst im VORAUS kreiert hast!

Hast du mehr Vertrauen in die Meinungen anderer als in DICH SELBST? Genau darum geht es.

Man ist so in diesem Gesellschaftsdogma gefangen bzw. man identifiziert sich mit allem, was einem im Außen vorgelebt wird, dass man sehr schnell vergessen kann, wer man selbst ist.

Die meisten Menschen identifizieren sich über etwas im Außen wie z.B. die neueste Mode zu tragen, um gesehen zu werden, die neuesten Trends mitzumachen, damit man dazu gehört. Die hippsten Getränke zu verkonsumieren, weil sie gerade IN sind.

Die neuesten Diäten auszutesten, da diese dir versprechen schöner, attraktiver und schlanker zu werden, damit du endlich deinen Traumpartner ins Leben ziehst, um glücklicher zu sein. Wir leben in einem kranken System was kranke Menschen in einer so unermesslich hohen Zahl hervorbringt, dass es heut zu Tage fast keine Menschen mehr gibt, die irgendwann Altersschwäche und gesund sterben. Heute sterben die meisten Menschen an irgendeiner Erkrankung, weil es ja angeblich normal ist, krank zu werden mit zunehmendem Alter. DOCH ES IST NICHT NORMAL!

Die Gesellschaft formt unsere Gedanken durch manipulative Medien, die einem suggerieren, dass man ab 65 vielleicht schon Inkontinenzmatratzen anschaffen muss, statt ihnen zu sagen, das Beckensport hilft, fit zu bleiben.

**Fast dreiviertel aller Menschen ernähren sich unnatürlich!**

Mache es deshalb zu deiner allerbesten Absicht, dich gut und gesund zu fühlen- oder zumindest setze die Absicht, dass du es willst und dies Schritt für Schritt. Für viele Menschen ist es sehr schwierig von jetzt auf gleich alte Gewohnheiten loszulassen, sie müssen dies Schritt für Schritt tun.

Bei mir war es so ähnlich damals mit dem Rauchen. Zuerst entschied ich mich nur noch nach Feierabend zu rauchen vor der Tür oder am Fenster und manchmal auch ein gutes Glas Wein dazu zu trinken, ich assoziierte eine Zigarette und ein gutes Glas Wein mit dem Thema „Feierabend" und ausruhen, bei sich ankommen.

Doch dann stellte ich mir immer wieder die Frage:" Brauche ich das wirklich, um bei mir anzu-kommen?"

Fühle ich mich wirklich nur gut, wenn ich das jeden Abend zelebriere, dann gebe ich ja meine Macht und mein „sich glücklich fühlen" an eine Zigarette und ein Glas Wein ab!" Ich ermächtige hier Zigaretten und Alkohol über mein Wohlergehen zu bestimmen!

Dann unterlies ich es für einen bestimmten Zeitraum, doch dann kam wieder der Rückfall, und da gab ich die Macht schon wieder ab an die Zigarette und das Glas Wein und an meine Nachbarin, die zu mir kam und mir suggerierte, dass erst dies einen schönen Feierabend ausmachen würde.

**Dann kam der Tag, an dem sich alles ändern sollte.**

Der Tag, an dem ich aufwachte und der Himmels-pforte begegnen durfte. Ich lag schon seit 10 Tagen mit fast 40 Fieber und Grippe im Bett und hatte sehr starke Schmerzen im Brustbereich.

Ich bekam Antibiotika, dich ich schon seit einer Woche nahm, doch das Fieber ging nicht runter und die Schmerzen wurden immer schlimmer und eines Nachts wurden sie so schlimm, dass meine Kinder weinend den Notarzt rufen mussten.

Es war mitten in der Nacht und meine beiden Töchter weinten ununterbrochen. Sie waren zum Glück in dem Alter, das sie Hilfe holen konnten.

Der Notarzt kam mitten in der Nacht um 2 Uhr und ich lag da, und war ohnmächtig. Sie dachten zuerst das es ein Herzanfall war, da mein linker Arm schmerzte. Ich kam in die Klinik und meine Kinder kamen, bei Freunden unter.

Es war schrecklich, ich war angeblich kurz weg und hatte keinen Herzschlag mehr.

Ich kam auf die Lungenstation und dort sagte man mir, dass ich eine sehr schlimme beidseitige Lungen-entzündung hätte, und dass ich jetzt erst mal hierbleiben müsse.

Ich hörte, wie sie sagten, dass es sehr schlecht um mich stehe.

Ich hatte Angst, riesige Angst und dachte unaufhörlich an meine Kinder, und dass sie allein wären ohne mich, und ich beschloss gesund zu werden. Ja richtig, ich habe es beschlossen und ganz energisch den Befehl an meine Zellen ausgesendet.

Ich nahm die Kraft und rief meine Freundin. Ich bat sie mir grüne Smoothies zu bringen und viel Rohkostgemüse und Obst. Das Krankenhausessen war schrecklich und es waren reine Säurebomben, die ich verweigerte. Das Klinikpersonal machte sich über mich lustig, als ich Ihnen sagte, dass ich mich vegan ernähre, und das totgekochte Nahrungsmittel weder Mikronährstoffe enthalte noch für die Genesung förderlich sind.

Mein Zustand verbesserte sich langsam, ich wurde nach über einer Woche entlassen mit weiterer Antibiotika-therapie und ich suchte mir einen Lungenarzt hier in Flensburg, den besten den ich jemals finden konnte. Er sah das Blutbild aus der Klinik und war entsetzt, dass meine Anämie (Blutarmut) nicht behandelt worden ist, diese aber ganz offensichtlich war.

Von dem Zeitpunkt an ging es nur noch aufwärts und ich änderte mein stressiges Leben von Grund auf.

Meine Arbeitszeiten verkürzte ich auf 40 Stunden die Woche statt auf fast 80 Stunden (ich war ein Workaholic). Ich strich auch die letzten Zigaretten und das letzte Glas Wein komplett aus meinem Leben.

Was ich damit sagen möchte ist, hätte ich schon früher auf die Symptome meines Körpers gehört, statt diese zu ignorieren, obwohl ich als Therapeutin das medizinische Wissen hatte, dann wäre das alles nicht passiert. Ich hatte es selbst in der Hand und musste erst ans Himmels-türchen klopfen, um das zu kapieren.

Leider geht es ganz vielen Menschen auch so. Vor allem sind es Menschen, die in Heilberufen arbeiten, nicht nein sagen können, und nicht auf ihren Körper hören.

L. Jones sagte mal: "Je besser du dich fühlst, umso besser werden die Dinge. Je besser die Dinge werden, umso besser fühlst du dich und je besser du dich fühlst, umso besser werden die Dinge und je besser du dich fühlst umso besser werden die Dinge. ...muss ich noch weitermachen?

Seit diesem Ereignis stellt sich mir nicht mehr die Frage was gut für mich ist oder was mein Körper möchte. Ich fühle es, da ich gelernt habe, auf meinen Körper zu hören. Ich befinde mich nicht mehr in ständigen Konflikten in meinem Inneren.

**Und genau das ist die Wurzel!**

Konflikte, die in DEINEM INNEREN sind, manifestieren sich früher oder später IMMER IM AUSSEN!

Deshalb ist es so wichtig Konflikte im Inneren erst gar nicht aufkommen zu lassen und zu lernen, dass, „DIE EHRLICHKEIT ZU DIR SELBST", der wichtigste Schritt dafür ist. Wenn du NEIN zu jemand anderem sagst, weil du etwas nicht möchtest, dann ist das völlig richtig, dann sagst du JA zu dir und genau darum geht es, fange endlich an JA zu dir zu sagen und nicht ja zu anderen, wenn du ein NEIN meinst.

Einen Konflikt im Außen zu vermeiden, kreiert einen Konflikt in deinem Inneren. Es macht dich dauerhaft krank und erzeugt noch mehr Konflikte auf anderen Ebenen deines Seins und bringt dich somit dauerhaft in ein energetisches Ungleichgewicht.

Ich könnte viele Beispiele hier aufzählen. Meine Arbeit von 80 Stunden auf 40 Stunden in der Woche zu reduzieren, war eine der besten Entscheidungen in meinem Leben. Ich konnte nie NEIN sagen, in der Zeit davor, weil ich Angst hatte, andere zu enttäuschen und dadurch keine An-erkennung zu bekommen. Doch die Anerkennung, die ich bekam, war auf Grund von Angst kreiert! Ich kreierte mir dauerhaft, ohne es bewusst zu merken einen Mangel in meinem Leben, der noch mehr Mangel anzog, wie Mangel an Zeit, Mangel an Glück, Mangel an Gesundheit, Mangel innerhalb meiner Familie. Ich lebte dauerhaft das Leben der Anderen und fragte mich, wer lebt eigentlich mein Leben?

Das EINE bedingt das ANDERE, ob Du es willst oder nicht!

Du bist ein Schöpfer und das immer!

**Eine Affirmation, die mir dabei geholfen hat:**

„In dem ich anerkenne was ist, und das im Hier und Jetzt, erlaube ich meinem Bewusstsein die Vergangenheit loszulassen. Denn im Hier und Jetzt findet mein Leben statt! Ich entscheide mich jetzt zu meinem Wohlergehen zu handeln, und erlaube der Veränderung zu kommen!"

Diese folgenden Übungen, haben mir geholfen, herauszufinden, wo ich in meinem Leben stehen, du kannst sie auch gerne durchführen. Sie sind sehr effektiv.

Stelle dir die Frage, wie du dich mit DIR fühlst aktuell?

Nehme ein Blatt oder auch mehrere und schreibe dir alles vom Herzen oder wenn du nicht gerne schreibst, dann nehme es auf, auf einem Diktier-gerät oder einem Mobiltelefon!

Es hilft, dich zu fokussieren und bitte sei ehrlich mit Dir selbst!

Mache eine aktuelle Bestandsaufnahme deiner Gefühle!

Wie ist deine allgemeine Zufriedenheit?

Wie ist dein allgemeines Glücksempfinden?

Wie bewertest du aktuell die Sinnhaftigkeit deines Lebens?

Wie würdest du generell deine Gefühle bewerten, eher negativ oder positiv?

Wie würdest du deinen inneren Zustand beschreiben, eher aufgewühlt oder mehr im Einklang mit dir und deinem Sein?

Wie bewertest du aktuell die Qualität deiner Beziehungen, damit meine ich Freundschaften, Arbeitgeber, Partnerschaften, Familie etc.?

Wie bewertest du aktuell deinen Gesundheitszustand?

Wie sieht es um deine allgemeine Fitness aus, damit meine ich die körperliche und geistige Fitness?

Wie bewertest du die Qualität deines Sexuallebens und deinen Empfindungen hierbei?

Lese dir alle Fragen und Antworten nochmals genau durch, wenn du diese fertig hast, nimm dir Zeit und lasse es wirken auf dich!

Dann schreibst du bitte noch zum Schluss auf, wie das von dir Geschriebene hier auf dich wirkt.

Hast du ein schönes Gefühl gehabt oder ein komisches?

Wie ist dein Bauchgefühl hierzu?

Warst du ehrlich mit dir?

Was macht es mit dir?

# Finde die Qualitäten Deines ICH´S und lerne aus Schwächen Qualitäten zu kreieren!

Unsere 5 Haupt- Sinne arbeiten so, dass sie Reize aus der Umwelt aufnehmen und verarbeiten.

Was wir zusätzlich tun sollten ist, unsere Sinne und unseren Fokus auf das auszurichten, was unseren physischen Sinnen nicht sichtlich zugänglich ist. Damit meine ich, auf unser Höhere Selbst ausgerichtet zu sein!

In den Lektionen davor habe ich davon erzählt, wie wichtig es ist die richtigen Absichten zu setzen die klar und deutlich sind und im Einklang mit dessen sind, was deine Emotionen daraus hervorbringen.

Setzt du zum Beispiel deinen Fokus auf die Absicht abzunehmen und stellst dir vor, wie dein Körper als schlankes ICH aussieht, isst aber zugleich ein Stück Sahnetorte und fühlst, dass dieses gerade aber besser schmeckt und denkst dir dabei- egal, was soll´s...., dann setzt du eine Gegenabsicht, die dich daran hindert, deine erste Absicht, die war abzunehmen, zu manifestieren.

Deshalb ist der Satz: "Du bist dein eigener Schöpfer!" so wichtig, um diesen in dein Bewusstsein zu integrieren.

Absicht gefolgt von wirklichem Willen, plus dem richtigen Gefühl = Manifestation!

Wenn du in deinem Leben in Fülle und Reichtum leben möchtest und das dauerhaft, dann solltest du auch dauerhaft daran arbeiten, mit was du dich erfüllst /FÜLLST!

Denn das Universum entscheidet nicht unter Arm und Reich, Gut und Böse, Dick und Dünn etc... Das Universum schickt dir nur das, was du manifestiert hast durch deine Absichten.

Deshalb ziele genau mit deinen Gedanken und Absichten und den dazugehörigen Gefühlen/ Emotionen und deren Schwingungsqualitäten (Frequenzen).

Diese werden sehr entscheidend sein für deine ART DER FÜLLE! Auch Mangel kann eine Fülle sein, wenn genug davon vorhanden ist.

Hier auf der nächsten Seite ein Einblick in die Schwingungstabelle unterschiedlicher Emotionsqualitäten und deren Frequenzen und was diese bedeuten!

Achte darauf und trainiere sie in Richtung nach OBEN.

Denn diese sind entscheidend, wohin dich dauerhaft dein Weg führen wird und welche Menschen und Situationen du anziehen wirst und welche Qualitäten du in deinem Leben haben möchtest!

Auch Schwächen sind Qualitäten, die nur etwas niedriger schwingen, doch auch diese können allein schon auf Grund einer anderen Betrachtungsweise sich ändern, z.B. indem man ein Problem nicht als ein Problem ansieht, sondern als ein Geschenk, das vom Universum gemacht wird, um zu wachsen!

Denn was ganz klar eine Stärke ist, ist aus dem Problem ein Geschenk zu machen und lösungsorientierte Ansätze zu kreieren, die helfen, Ängste zu verwandeln. Ängste zu transformieren kann für viele eine Herausforderung sein. Und das auch noch so, dass diese irgendwann keine Ängste mehr darstellen.

**Doch es geht und es ist möglich!**

Ich machen das immer und immer wieder, indem ich meinen Fokus und meine Absichten auf Lösungen konzentriere, die ich kreieren und mir jedes Mal bewusst mache, das ich mein eigener Schöpfer bin, auch innerhalb meiner Beziehungen und wie wichtig es ist, auch gerade in Bezug auf meine Arbeit/ Berufung, hochzuschwingen und Energien aufrecht zu erhalten die viel Positives erschaffen für uns und unser Umfeld.

Wir haben eine Verantwortung uns gegenüber und auch gegenüber den Mitmenschen und Mutter Erde, welche uns nährt.

# Die Reihenfolge von Schwingungen/ Emotionen/ Frequenzen

**Steuere Deine Emotionen bewusst! Hier findest du alle Emotionen von der höchsten Schwingung bis hinunter zu der niedrigsten Schwingung:**

1. Stufe/höchste Schwingungsebene: Glück, Freude, Dankbarkeit, Liebe, Freiheit
2. Passion
3. Begeisterung/sich für etwas begeistern
4. Positive Erwartungshaltungen sich selbst gegenüber.
5. Optimismus
6. Hoffnung
7. .Zufriedenheit
8. Langeweile
9. Pessimismus
10. <u>Wut, sie dient als Brücke nach oben oder unten! Sie kann   Kreativität auslösen oder Destruktivität und umkehren!</u>
11. Frustration, Ungeduld, Irritation
12. Sich überfordert fühlen

13. Enttäuschung

14. Zweifel/Selbstzweifel

15. Sich Sorgen machen um sich und um andere

16. Jemanden beschuldigen

17. Entmutigung

18. Ärger/sich ärgern

19. Rachegedanken

20. Hass

21. Eifersucht/Missgunst/Neid

22. Sich schuldig oder unwürdig fühlen

23. Ängste, Trauer, Depression, Machtlosigkeit, Opferhaltung

In unserer heutigen Zeit ist es unerlässlich unsere Schwingungen zu erhöhen!

Allein schon durch den Ausbau des 5 G Netzes ist es wichtig seine Zell DNA mit hohen Schwingungen zu trainieren, damit diese dem 5G Netz standhalten kann. Es ist medizinisch erwiesen, dass 5G zur Zerstörung unserer Zell DNA beiträgt und das massiv. Das 6G-Netz ist ebenfalls in Vorbereitung!

In Korea ist dies schon länger getestet worden. Männer sind unfruchtbar geworden, Kinder wurden mit Behinderungen geboren. Hierzu gibt es ein

Buch mit dem Titel:" Die Menschheit schafft sich ab!", sehr zu empfehlen an dieser Stelle.

Sei Du SELBST die Veränderung, die Du in der WELT sehen willst- ein schönes Zitat von Gandhi, welches mich schon seit Jahrzehnten begleitet!

Wir haben mittlerweile fast 10 Milliarden Menschen auf dem Planeten Erde! Wovon ich dir erzählen möchte, ist wie die Erde sich weiterentwickelte, innerhalb der Frequenzen, und des rasanten Bevölkerungswachstums, innerhalb der letzten 150 Jahre.

Vor tausenden von Jahren hatte die Erde noch eine eigene Frequenz von 6,7-6,8 Hz! Im Jahre 2000 war die Erde bereits auf 9,3 Hz und 2007 auf 9,8 Hz.

Umso mehr Menschen auf der Erde leben mit ihren unterschiedlichen Schwingungen bzw. Frequenzen und deren Resonanzfeldern, umso mehr steigt die Frequenz der Erde an, um sich anzupassen.

Im Jahr 2012 war die Frequenz bereits auf 12,1 Hz, und im Jahr 2014 auf 16,5 Hz. Und jetzt halte dich fest 2017 wurde die Schwingung der Erde bereits auf 36 Hz. Gemessen!

Das ist sehr, sehr viel!

Die Schwingungen steigen immer rasanter an, umso mehr Industrialisierung und technischer Fortschritt auf diesem Planeten stattfinden. Doch die Schwingung der Erde resultiert aus dem Ergebnis aller Menschen und TATEN im Kollektiv. Deshalb ist es für viele Menschen sehr schwer, mit dauerhaft sehr niedrige Schwingungen mitzuhalten.

Was kann man als einzelner Mensch tun, um sich da anzupassen? Die Antwort kennst Du bereits!

Umso niedriger man schwingt, umso mehr Probleme wird man bekommen sich den aktuellen Frequenzen an-zupassen.

Das kann sich in dauerhafter Übelkeit, Kopfschmerzen, Migräne, Knochenschmerzen, Ganzkörperschmerzen und chronischen Erkrankungen aufzeigen. Diese manifestieren sich durch niedrigere Schwingungen, und kreieren eine Fülle in diesem Bereich.

Und unser System bringt leider zurzeit viele Menschen hervor, die diese Symptome aufweisen, und das dauerhaft. Depressionen, Burn-out, Stress der dauerhaft anhält, Diabetes, degenerative Erkrankungen des zentralen Nervensystems, endokrine Erkrankungen, Krebs und viele mehr.

Sei bewusst, dass unsere Erde eine Schwingungsfrequenz von dauerhaft 115Hz bis 205 Hz erreichen wird.

Um die Zirbeldrüse zu aktivieren ist eine Frequenz von 155-158 Hz notwendig, damit diese stimuliert wird und wir wieder in die Hellsichtigkeit kommen.

Wenn die Erde die Menschheit mit hohen Frequenzen dauerhaft stimuliert, wäre es gut, wenn man sich dauerhaft auf eine gesunde Art und WEISE anpassen könnte. Diese gesunde Art und Weise seine Frequenzen zu erhöhen ist, indem man sich bewusstwird, was man denkt und fühlt und dass wir alle Sender und Empfänger sind!

Schaue jeden Tag darauf, wie sich die Emotionen auf und ab bewegen. Mit diesem Buch hast du eine Vorlage dafür.

Man ist dadurch leichter im Training und eher in der Bewusstheit, wo man sich aktuell befindet auf der Schwingungsscala seiner Emotionen.

Unsere Gedanken leiten und führen uns und kreieren unsere Emotionen, die ein Resonanzfeld bilden, welches ähnliche Schwingungen (WELLEN) anzieht oder auch Gleiche.

Es ist für viele Menschen oft schwer sich aus den Mustern ihrer Vergangenheit zu lösen, doch es ist möglich und es ist notwendig. Du nährst sonst weiterhin die Vergangenheit und damit meine ich, du nährst weiterhin das bereits gelebte, statt das aktuelle Leben im HIER und JETZT!

Ich schreibe das aus diesem Grunde hier so oft in diese Kapitel hinein, da es ein Teil der Wurzel von ALLEM ist, was IST!

Niedrige Frequenzen sind z.B. von 0 bis 2,7 Hz, oder von 2,7 Hz bis zu 9,7 Hz...sehr hohe Frequenzen sind 115 bis 205 Hz oder höher alles was höher als 205 Hz schwingt, sind zum Beispiel Kristallschwingungen.

# Emotionen und ihre Frequenzen/Schwingungen

Vergleicht diese bitte mit der aktuellen Frequenz der Erde die stetig steigt.

Die Erde ist mittlerweile bei ca. 60 Hz steigend und das in rasanter Geschwindigkeit. Ich finde es daher umso wertvoller zu wissen, wie wir unsere Schwingungen dauerhaft erhöhen können.

TRAUER erzeugt eine Schwingung von 0,1 bis ca.2 Hz, da schwingst Du also sehr, sehr niedrig.

ANGST erzeugt eine Schwingung von 0,2 bis 2,2 Hz.

GROLL und WUT bis 3,3 Hz.

STÖRUNGEN ins sich selbst, falscher STOLZ, HOCHMUT, SNOBISMUS 0,8 bis 1,9 Hz.

REIZUNGEN und WUTAUSBRÜCHE ca.1,4 Hz.

MISACHTUNGEN gegenüber Menschen oder sich selbst zu missachten 1,5 Hz.

Das Gefühl der ÜBERLEGENHEIT, ARROGANZ erzeugt 1,9 Hz.

MITLEID schwingt 3 Hz.

Wenn du STOLZ auf etwas bist, was Du gemacht hast, schwingt 3,1 Hz. (nicht zu verwechseln mit dem falschen Stolz)

**Höhere Schwingungen sind:**

DANKBARKEIT schwingt 60 Hz hoch, ja Du liest richtig 60 Hz!

Welch ein UNTERSCHIED zu den vorherigen Frequenzen ZUNEIGUNG UND LIEBE schwingen 75 Hz.

GROSSZÜGIGKEIT in Liebe 95 Hz

Sich mit jemand VERBUNDEN fühlen, EINHEITLICH fühlen in Liebe 140 Hz

Das Gefühl der liebevollen GNADE 150 Hz BEDINGUNGSLOSE und AUFRICHTIGE LIEBE 205 Hz UND MEHR

WOW!!!

Deshalb ist es so wichtig dauerhaft HOCH zu schwingen. Denn wenn man unter der Schwingungsfrequenz unseres Planeten Erde schwingt, dann werden logischer Weise, dauerhaft Probleme auftreten auf physischer Ebene, weil der Körper diesen höheren Frequenzen nicht stand- halten kann.

Deshalb erkranken auch immer mehr Menschen auf diesem Planeten.

Sie können diese höheren Schwingungen nicht aushalten, da diese ihnen Kopfschmerzen bereiten im wahrsten Sinne des Wortes! Sie haften am alten System fest, welches sie immer wieder in die Tiefe zieht.

Erlaube dir also in höheren Gefilden zu denken und zu fühlen! Die Erde wird bald auf der Frequenz von 205 Hz sein. Mache Dein Leben qualitativ hochwertig und damit meine ich dauerhaft hochwertig! Das solltest du dir Wert sein. Druck erzeugt Gegendruck.

# Reguliere Dich selbst!

Selbstreflexion und Selbstregulation

Was ist damit gemeint?

Bei der Selbstreflexion geht es darum, sich selbst wahr-zunehmen, wie man auf andere Menschen oder Situationen reagiert. Bei der Selbstregulation geht es darum, die Macht über sich zu behalten. In der Lage zu sein, seine Emotionen zu steuern /zu regulieren, ohne ein ZUTUN oder eine AB-HÄNGIGKEIT von AUSSEN!

Die meisten Menschen die in unserer heutigen Gesellschaft leben, definieren sich über irgendetwas, eine Situation oder Menschen oder über Dinge die sie besitzen. Und damit meine ich über etwas im Außen.

Sie definieren sich über ihre Eltern, ihre Schule oder ihren Uni-Abschluss oder über ein gutes Zeugnis, wie zum Beispiel: "Ich bin die Beste", oder auch über ein schlechtes Zeugnis, wie:" Ich bin zu doof oder ich bin nichts wert! Oder einen Job oder auch durch einen Gegenstand wie ein Auto, tolle Kleider, ein Haus oder auch durch andere Menschen, wie zum Beispiel:" Ich kenne aber den Chef persönlich!"

Sie geben freiwillig, meist unbewusst, ihre Macht an Dinge, Situationen oder Menschen ab, die sie dominieren und formen und süchtig machen. Sie sind nicht dazu in der Lage, diesen Teufelskreis zu durchschauen, ja die meisten sind sich noch nicht mal bewusst, dass sie sich in einem befinden, bis das dann eines Tages der große Zusammen-bruch kommt.

SIE SIND LEER!

Sie sind nicht mehr erfüllt mit dem was von außen kommt, die Freunde wechseln zu oft und die Süßigkeiten sind leer, der Mann hat eine andere und Auto und Haus sind weg und übrig bleibt nur noch ein riesiger Scherbenhaufen, aus dem es kein Entkommen mehr zu geben scheint!

Doch STOPP!

Viele Menschen brauchen genau diese Situationen, um aufzuwachen, diese Menschen brauchen genau diese Gefühle, um sich zu spüren und zu hinterfragen, wozu das GANZE den gut gewesen ist, wozu habe ich so einen Mann in mein Leben gezogen, der mich betrügt und belogen hat, warum verliere ich jetzt gerade alles, was ich mir hart erarbeitet habe, um wieder bei NULL anfangen zu müssen? Warum bin ich alleinerziehend? Warum passiert das ausgerechnet mir?

 Warum, Warum, Warum?

All das, was sie die ganze Zeit an Menschen und Dinge und Situationen im Außen weggegeben haben, nämlich ihre Selbstermächtigung, sich über Menschen und Situationen im außen zu definieren, fällt jetzt weg!

Was nun? Die meisten Menschen müssen erst ganz tief fallen oder sehr schwer erkranken, auch chronisch krank werden, bis sie kapieren, dass sie fast ihr ganzes Leben lang, das Leben der Anderen lebten. Jedoch nicht ihr eigenes!

Diese Situationen des Verlustes spiegeln nur das wieder, welches sie sich selbst im Laufe der Jahre aufgebaut haben.

„EINE FÜLLE IM BEREICH DES MANGELS AUF- GEBAUT ZU HABEN!"

Dadurch, dass Sie ihre Selbstermächtigung abgaben, es zugelassen haben, dass sie Menschen, Dinge und Situationen dafür verantwortlich machten, wer sie sind oder wie sie sich fühlen, haben sie vergessen WER sie wirklich sind. Dass sie sich unbewusst abhängig machten, von Menschen, Dingen und Situationen, die dauerhaft eine MANGELMATRIX erschufen, war oft nicht bewusst!

Es ist ein Mangelgedanke, wenn du denkst, dass du nur dann glücklich sein kannst, z.B. mit genügend Geld oder deinem Traummann oder einem Kind oder Schokolade oder dem richtigen Job oder den richtigen Freunden oder dem tollen Haus und dem tollen Auto mit der passenden Garderobe dazu.

Du sendest dauerhaft unbewusst Mangelgedanken aus und kreierst dir eine Matrix die extrem niedrig schwingt, deshalb habe ich in dem Kapitel davor, bewusst diese Reihenfolge der Schwingungs-frequenzen aufgeschrieben, damit du schauen kannst, was du dir im Hier und Jetzt kreierst!

Fühlst du dich z.B. zu Geld besonders stark an-gezogen und sagst:" Hey, Geld ist neutral und eine tolle Sache, ich möchte mehr Geld verdienen, um endlich frei zu sein, um Tun und Lassen zu können was ich will!". MAL EHRLICH, WIE OFT HAST DU DIR DIES SCHON GEWÜNSCHT.

Was DU aber wirklich damit sagst ist:" Ich habe noch nicht genug Geld, um frei zu sein, deswegen bin ich nicht FREI und deswegen, kann ich noch nicht das Leben leben, welches ich mir vorstelle!"

Du hast dir damit unbewusst einen Mangel er-schaffen, der deine Ängste mitschwingen lässt und wie du aus dem vorherigen Kapitel bereits weißt, schwingen Ängste enorm niedrig.

Ich haben mich dazu entschlossen, bereits das Geld zu haben und so zu tun in meinen Gedanken, als ob es schon da ist und es bewusst zu fühlen, und mir schon Gedanken darüber zu machen, wofür ich es ausgegeben habe. Ich habe mich dazu entschlossen, unabhängig davon, ob ich gerade viel oder wenige Geld verdiene, einfach glücklich zu sein!

Denn, wenn du gelernt hast glücklich zu sein OHNE DAS ES DAFÜR EINE SITUATION ODER MENSCHEN ODER GEGENSTÄNDE oder auch Geld von außen bedarf, dann kreierst du dir unabhängig davon eine hoch schwingende Matrix. Diese dauerhaft-hochschwingende Menschen und Situationen anzieht und auch somit Fülle im Hoch-frequenz-bereich = FÜLLE IN DER FÜLLE!

Warum machen so viele Menschen ihr Glück abhängig von Äußerlichkeiten, wenn sie es bereits doch schon vorher erfahren können? Erfahren auf ganz einfache Weise. Weil sie sich dafür entscheiden, glücklich und dankbar zu sein, für das, was sie bereits haben.

Darin liegt auch der Schlüssel für Reichtum und Fülle!

Sei glücklich und dankbar und dir wird mehr gegeben! Bist du unglücklich und undankbar, so wird dir auch noch das letzte genommen!

Wer die universellen Gesetze verstanden hat, weiß was ich meine.

Es ist eine Frage der Entscheidung und der inneren Einstellung und wenn du verstanden hast, dass du dein eigener Schöpfer deiner eigenen Matrix bist, dann wirst du merken, wie schnell und rasant sich dein Leben auf der Schwingungstabelle nach oben hin entwickeln wird!

Ich weiß, wovon ich spreche, denn ich erlebe es selbst jeden Tag immer und immer wieder.

Werde dir bewusst, woher diese alten Selbst-sabotage-muster kommen, die dich daran hindern, ein Leben in einer Fülle Matrix aufzubauen, die aus Fülle resultiert und Fülle kreiert und in der Fülle manifestiert!

Erkunde dein Ich und gehe auf Lösungsfindung!

**Eine kleine Übung:**

Erkunde die Quelle Deines Glücks!

Welche Bereiche in deinem Leben sind Baustellen und kosten viel Kraft und verunsichern dich und welche bringen Zufriedenheit und Glück und ein gutes Gefühl mit sich?

Schreibe Sie auf und werde dir diesen Baustellen bewusst und werde dir bewusst, woher du gute, positive, hochschwingende Energien bekommen kannst, die dich immer und immer wieder dahin trainieren, auf der Schwingungstabelle hochzu-krabbeln!

**Gute Hilfen hierzu sind:**

Kreiere dir Audio Dateien mit deinen Lieblingsliedern, Liedern die POWERFULL sind und deinen Antrieb darstellen und Liedern die dich emphatisch sein lassen, dich die Liebe zu dir und zu anderen Lebewesen spüren lassen.

Kreiere Dir Deine 10 wichtigsten Ziele auf einem visuell Board, mit tollen Bildern und Worten wie: ERFOLG, LIEBE, FREUNDE, WERTSCHÄTZUNG, GESUNDHEIT, GLÜCK, HARMONIE, ZUFRIEDEN-HEIT, EHRLICHKEIT, TREUE, ENERGIE... und vieles mehr... alles was du in dein Leben ziehen möchtest.

Fällt dir dabei etwas auf?

Worte sind eng verbunden mit den dazugehörigen Emotionsqualitäten, und wenn du ein hochschwingendes Visual -Board kreieren möchtest, dann kann ich dir nur empfehlen, zu den Bildern auch hochschwingende Emotionen dazu zu schreiben, die wirken Wunder.

Kreiere dir eine Audiodatei oder einen Zettel mit Affirmationen, mit den richtigen Affirmationen natürlich.

Es ist wichtig, dass du diese EHRLICH formulierst, so dass sie sich anfühlen, als hätte sie deinem Höheres Selbst erschaffen.

Wie du richtig Affirmationen erstellst, hatte ich in einem vorherigen Kapitel erklärt. Achte darauf, dass keine Gegenabsichten sich einschleichen!

Du kannst auch ein kurzes Video mit deinem Handy drehen, indem du dich selbst interviewst oder interviewen lässt, zu deinem aktuellen IST-Zustand, und zu dem Gefühl welches du erreichen und erleben möchtest, und zu deinen dazugehörigen Zielen!

Du wirst merken wie kraftvoll ein Visuell Board ist und wie kraftvoll eine Audiodatei sein kann.

Ich habe mir auch viele tolle Audiodateien zusammengestellt, einmal für meine POWER, da habe

ich unterschiedliche Musik, und einmal zur Entspannung und Meditation.

# Die Kraft der richtigen Affirmationen!

In meinem letzten Kurs hatten mich einige Teilnehmer gefragt, woran das liegen könnte, dass sie sich tolle Affirmationen kreiert haben, und diese teilweise überhaupt nicht das gewünschte Ergebnis zeigten.

Eine Affirmation ist nichts anderes, als eine Anleitung, etwas zum POSITIVEN zu verändern!

Das geht jedoch nur, wenn alles im Einklang miteinander ausgesendet wird!

Die meisten Menschen sagen sich mehrmals täglich zig Affirmationen auf, in der Hoffnung, dass sich in ihrem Leben etwas zum Positiven wendet.

Wie zum Beispiel: „Ich liebe mich so wie ich bin!"

Doch wenn du das nicht tust in diesem Moment, und auch nicht glaubst, es wirklich fühlst, dass es so ist, dann ist es eine Lüge, die du dir selbst suggerierst in diesem Moment. Du erzeugst somit eine Gegenabsicht, den dein Glaube entspricht nicht deinem Gesagtem und dein Gefühl ebenfalls nicht!" Diese Affirmation kann nicht funktionieren, weil hier die wichtigsten Faktoren nicht miteinander harmonieren, damit meine ich nicht im Einklang sind!

Eine Teilnehmerin sagte mal bei einer Übung, (wobei sie Affirmationen kreieren, sollte über ihre Ziele und Wünschen.... nun gut... diese Schülerin litt an einer Essstörung):

"Ich bin gesund, und ich liebe die Lebensmittel, die ich esse und ich bin geheilt!"

Daraufhin fragte ich sie: "Bist du wirklich gesund? Liebst du wirklich die Lebensmittel, auf die du umgestellt hast, und bist du wirklich geheilt?"

Sie schaute mich darauf hin fragend an und sagte mir: "Nein, natürlich nicht, doch ich will dahin, dass es irgendwann, eines Tages so ist! Doch sie wunderte sich, da sie es schon seit einem Jahr affirmierte, das sich an ihrer Einstellung und ihrem Gefühl nichts änderte.

Ich machte ihr daraufhin einen Vorschlag: "Affirmiere doch lieber den Satz, ich bin gewillt mich auf gesunde Lebens-mittel einzustellen, da diese mir gute Nährstoffe bringen. Ich bin auf dem besten Weg der Gesundung!"

Sie sagte daraufhin: "Ja, das ist ehrlich und hört sich viel besser an!"

Eine andere Schülerin sagte sich jeden Tag:" Ich bin gesund und glücklich und liebe mein Leben!"

Sie war weder gesund noch glücklich. Sie hasste ihre Lebensumstände und war auch nicht bereit ihre zerstörerischen Lebensgewohnheiten zu ändern! Das diese Affirmation nicht funktionieren konnte war klar.

Worum es geht ist, dass wenn du etwas in dein Leben ziehen willst, dann ist der erste Schritt der WILLE dazu, es zu wollen!

Meine Affirmation war immer, schon von klein auf: „Ich bin eine sehr erfolgreiche Autorin und Lehrerin, die Millionen von Menschen glücklich macht!"

Wenn der eigene Wille stark genug ist, und die Gedanken, etwas verändern zu wollen, du die Absicht setzt etwas zu verändern, die Veränderung fühlst, dann wird es sich auf Manifestieren. Denn alle Komponenten sind im Einklang miteinander. Es ist ein Irrglaube von vielen Menschen, dass wenn sie etwas affirmieren oder sich wünschen OHNE dafür etwas tun, es sich auch erfüllen wird.

Alles hat seinen Preis! Das beste Beispiel ist das Buch, welches ich schreibe. Der Preis ist, sich hinzusetzen und zu schreiben, sich Gedanken zu machen, oder wie bei mir, es einfach fließen zu lassen. Nur so kann auch meine Affirmation im Außen manifestiert werden, in dem ich etwas dafür tue.

Das Buch oder auch mein Kurs oder meine Kongresse, kreierten sich nicht von allein, diese sind entstanden, in meinem Kopf und die Ideen dazu bereits vor einigen Jahren.

Ich hatte viele Ideen, die ich im Laufe der Jahre aufgeschrieben habe und diese in meinen Notizbüchern ruhen ließ. Bis zu dem Tag, als ich mich fest dazu entschlossen habe, durch viele Bitten von Teilnehmer und Klienten, Kurse zu kreieren, Bücher für sie zu schreiben, damit sie das Wissen gebündelt immer abrufen können. Ich bilde seitdem auch ONLINE sehr erfolgreich aus.

Ich gründete meinen YouTube Kanal: „Dualseelen-Der Ehrlichkeit begegnen". Damals mit meinem Ex-Mann, der jedoch ausstieg nach einiger Zeit, da er sich ganz seiner eigenen Arbeit widmen wollte.

Auch dieser Kanal musste erst in Gedanken erschaffen werden, damit er sich im Außen zeigt. Diese wurde von mir eingerichtet. Es wurden Videos gedreht, um auch unsere Botschaften mitteilen zu können!

Viele sahen den Kanal und hörten, dass wir auch OFFLINE ausbildeten. Sie waren traurig, dass sie nicht zu uns reisen konnten, weil entweder die Tage nicht passten, es zu weit weg war oder weil keine Kinderbetreuung da war.

So wurden wir von sehr vielen Menschen gebeten auch im Online-Bereich Kurse zu kreieren.

All dies hatte eine Vorgeschichte. Alles was folgte, wurde erschaffen, zuerst im Kopf, dann auf Papier und dann Online. Das Eintippen war hier die meiste Arbeit, hat aber auch viel Spaß gebracht, da immer mehr Ideen durch mich hindurchflossen.

Früher oder später sollte man auch ins Tun kommen! Das TUN, damit es in deinem Leben sichtbar wird, ist Grundvoraussetzung. Sonst bleibt es nur ein Gedanke und ein gefühlter Traum! Die Energien bleiben somit im nicht-physischen Bereich! Damit meine ich, sie bleiben ein Gedanke!

Wichtig ist zu wissen, dass Energie sich niemals wahllos bewegt. Sie ist immer bestrebt nach einem Ausgleich, sei es in deinem Körper oder im morphischen Feld (der Raum, der dich umgibt). Dies kann man sehr schön in unserem aktuellen natürlichen Umfeld beobachten.

**„Sei du selbst die Energie, die du erschaffen willst und wenn du die Bedeutung einer Vorstellung änderst, dann änderst du deren Energie und somit auch den weiteren Verlauf der Welt!"**

Jeder Gedanke und jede Emotion ist Energie. Und zusammen bilden sie den Zustand unseres Bewusstseins.

Ändern wir die Energie unserer Gedanken und unserer Emotionen, dann ändern wir die Energie im gesamten Feld! Du bist der Ursprung! Als ich vor vielen Jahren zu dieser Erkenntnis kam, empfand ich unendliche Freiheit. Ich begriff, dass ich alles erreichen konnte, was ich wollte und wie ich es wollte.

Die Emotionen anderer Menschen liegen nicht in unserer Verantwortung, nicht einmal das Glück unserer Eltern, Kindern oder Partner. Wir können andere Menschen auf der Suche nach Antworten begleiten. Wir können sie unterstützen oder auch nicht. Wir können aber niemals auch nur einen ihrer Schritte gehen, dies ist ihr WEG!

### Was ist, wenn Menschen beeinflusst werden?

Wenn wir andere Menschen beeinflussen, egal ob positiv oder negativ, haben sie sich bewusst oder auch unbewusst dafür entschieden, sich beeinflussen zu lassen. Sie haben ihre Einwilligung dazu gegeben. Denn man hat immer die Möglichkeit der Wahl! Der einzige Mensch, den wir immer ändern können, sind wir selbst. Viele Menschen haben mich beeinflusst. Meine Eltern, Lehrer, Mentoren und auch einige Autoren wie zum Beispiel Bruno Würtenberger, Bruce Lipton und Stephen Hawkins.

Glaubst du, dass deine Schöpferkraft begrenzt ist? Energie ist immer in Bewegung, um Einfluss auf diese Energien zu gewinnen geschieht, indem wir die Aufmerksamkeit in die gewünschte Richtung lenken. Die Energie folgt immer der Aufmerksamkeit! Der Mensch, als Lebewesen dieses Planeten Erde unterteilt seine Energien.

Wir haben uns verschiedene Rollen angeeignet wie die Rolle der Freundin/des Freundes, der Mutter/des Vaters, die Rolle des Kindes oder der Erwachsenen, die Rolle der Berufstätigen, der Kreativen etc...

Weil keine der Rolle vernachlässigt werden will, teilen wir die Energien in diese Rolle auf, um allen Rollen gerecht zu werden. Wozu viele Menschen neigen ist, dass diese Rollen uns oft daran hindern, uns den gegenwärtigen Moment wirklich erleben zu lassen.

Man sitzt morgens am Frühstückstisch und ist mit seinen Gedanken nicht beim Frühstück, sondern schon beim Mittagessen, beim Mittagessen denkt man an seine Termine, und bei den Terminen denkt man an den Feierabend.

Unser Bewusstsein teilt sich auf in viele Räume. In jedem Raum etwas zu sehen und multidimensional zu denken ist eine wertvolle Fähigkeit, genauso wie alle 5 Sinne gleichzeitig zu nutzen, doch durch dieses ständige Multitasking, vor allem bei alleinerziehenden Frauen vorhanden, überfordern wir uns oft und verlernen uns zu konzentrieren bzw. zu zentrieren auf etwas. Die ungeteilte Auf-merksamkeit ist die Fähigkeit uns zu konzen-trieren.

Sie wirkt wie ein energetischer Laser, den wir auf etwas richten oder ein Projektor. Umso mehr wir unsere Aufmerksamkeit auf etwas lenken, desto höher wird die energetische Wirkung sein.

Wir entscheiden in jedem Augenblick, ob wir unsere Energie verteilen wollen oder ob wir sie wie ein Laser auf einen Punkt ausrichten, um somit die energetische Wirkung zu verstärken.

Einer meiner Mentoren sagte mal zu mir:" Die Energie ist unsere Währung, mit der wir die Manifestationen bezahlen!"

Durch die Konzentration und die Art der Energie/ Emotion, bestimmen wir das WIE, WO, WAS und WANN! Nach dem Gesetz der Anziehung folgt nach jeder energetischen Aussendung auch die energetische Einnahme. Was eingenommen und ausgegeben wird, entscheidest DU! Aus jedem energetischen Samen, den wir sähen, wird etwas wachsen, was jedoch zum Vorschein kommt, das ist von deiner Ausrichtung abhängig.

Wer glücklich sein will, muss aufhören unglücklich zu sein!

Wer reich sein will, muss aufhören arm zu sein, damit meine ich sich arm zu fühlen!

Du kannst dich dafür entscheiden, so wie sich schon viele vor dir bewusst dazu entschieden haben.

Dazu ist es notwendig (die Not bringt meist die Wende), aus der bekannten Komfortzone herauszugehen.

Wahre Verwirklichung bedeutet nicht nur eine Anziehung von Dingen, sondern die Entwicklung hin, zur besten Version deiner Selbst, zu dem, was sich deine Seele wirklich wünscht. Dieser subtile Wandel ändert alles.

**Verlangen vs. kindliches Verlangen**

Es gibt Unterschiede zwischen Verlangen und dem kindlichen Verlangen nach etwas. Unsere Wünsche werden meist definiert durch die Gesellschaft, unsere Eltern, unsere Kultur, Arbeitgeber. Viele Menschen definieren sich durch das AUSSEN! Sie suchen im Außen Bestätigung für ihr Sein, für ihre Handlungen, für das was sie sein wollen. Doch meistens ist es nicht das, was unsere Seele für uns möchte! Wir wollen vieles, doch haben wir nicht gelernt den Ruf unserer Seele zu folgen, da wir von Kindes Beinen an, indoktriniert worden sind und gelernt haben, uns über das zu definieren, was eine Gesellschaft oder Kultur oder die Eltern und Freunde von uns erwarten.

Wie wäre es denn, bevor du einen Wunsch äußerst, auf deinen inneren Kompass schauen könntest, um herauszufinden, ob es das Richtige für dich ist!

„Bestimme deine Absicht nicht blind, sondern lasse dich vielmehr von Inspirationen zu deiner Absicht leiten!" Zitat von Unbekannt

Viele Berühmtheiten wie Bob Proctor und auch Albert Einstein sprachen davon, dass die Hingabe zu sich selbst und zu dem was man sich wünscht, das Konzept ist, um das zu erreichen, was sich die Seele wünscht. Gebe dich voll ganz dem Fluss des Lebens hin und vertraue auf das, was das Leben dir bringt. Es ist immer für dich und nie gegen dich!

Wenn du verstanden hast, dass alles dem „Großen Ganzen" dient, und dass wir alle in einer Einheit leben mit allem was IST, nach Innen zu gehen und dem Ruf deiner Seele zu folgen, dann befindest du dich im Fluss von allem und kannst aus allem schöpfen! Alle Absichten deiner Seele, realisieren sich mühelos!

Bist du bereit dein zukünftiges Selbst zu treffen!?

Erkenntnisse: In jedem Menschen ist ein inneres und tiefes Verlangen seinem „Selbst" Ausdruck zu verleihen. Auch wenn du von gesellschaftlichen Werten geprägt wurdest und der Verstand oft auf die Geschehnisse im Außen fokussiert ist, so gibt es dennoch etwas in jedem Menschen, das Stärker ist und über all das hinausreicht!

Ein tiefes inneres Verlangen, was viele sich nicht erklären können, oder das Gefühl haben, es gibt keinen Zugang zu etwas, was als verschüttet/ verborgen scheint. Etwas im tiefsten Inneren, was gelebt werden will.

Die Gaben, die Kraft, das Gefühl des Friedens und der Sicherheit, ist keine wirkliche Lebens- versicherung.

Das Universum ist jedoch so fortschrittlich, dass alle Wünsche, die ausgesendet werden, erfüllt werden. Deshalb ist es so wichtig, die richtige Absicht zu setzen und bewusst zu wünschen. Eine Seele ist nicht in diese Welt gekommen, um dem Status Quo/ dem System zu folgen und zu machen, was von einem erwartet wird, oder sich in alten Geschichtsbüchern zu verlieren, die meistens nicht das Schreiben, was WAHR ist! Auch diese sind überliefert und nach-gerichtet worden über Generationen hinweg.

Du bist auf der Welt, um selbst Geschichte zu schreiben. Viele Menschen haben gelernt sich an das zu halten, was bereits vor ihnen war und vor ihnen geschrieben wurde. Ohne zu hinterfragen, ob etwas davon wahr ist und den wirklichen Fakten entspricht. Sie gehen in die Kita, in die Schule und in Ausbildungen und denken, dass alles seine Richtigkeit hat, denn dass was sie lernen ist die Wahrheit. Ist das denn wirklich so???

Der wahre Grund ihrer Existenz, ihres So-Seins, ihres Lebens auf Erden ist, das sie hier sind, um das

Paradigma zu erweitern, den aktuellen Status Quo zu verändern mit ihrer Geschichte und nicht in ihm gefangen zu sein!

Wir sind hier, um Neues und Großartiges aus-zudrücken und unsere bisherigen Gewohnheiten zu verändern, die uns in der aktuellen Situation festhalten. Wir sind hier, um ein Leben zu leben, das viele sich momentan nur schwer vorstellen können, dass aber bereits in uns existiert und gelebt werden möchte.

Beispiel: Eine Frau streitet mit ihrem Ex-Mann um Unterhaltszahlungen für sich selbst und für das gemeinsame Kind. Sie streiten sich permanent, da der Ex-Mann nicht zahlen möchte, dann zahlt er mal nur einen Teil und den anderen Monat zahlt er gar nicht, obwohl er rechtlich dazu verpflichtet ist.

Ich bringe dieses Beispiel an, weil viele, Frauen wie auch Männer sich damit identifizieren können. Diese Frau ist jeden Tag in Wut auf ihren Ex-Mann, sie flucht und ist wütend und traurig und im finanziellen Mangel und beschwert sich jeden Tag, das sie sich und ihrem Kind nicht das Leben ermöglichen kann, was sie verdient haben.

Menschen, die verletzt sind und in ihrer Verletzung leben, merken oft nicht, dass sie sich durch die Verletzungen, durch die sie ihr Leben definieren, von ihrem eigentlichen Seelenweg abbringen.

Um in die Fülle zu kommen, und in diesem Beispiel nehme ich die Liebe und die finanzielle Fülle, müssen erst diese Bereiche ihres Lebens in Ordnung gebracht werden.

Sie merken oft nicht in ihrer Wut, dass sie sich selbst davon abhalten, um in ihrem Leben weiterzukommen. Bei vielen Menschen müssen deshalb zuerst die Emotionen geheilt werden, bevor es weiter geht. Und dies geht nur, wenn sie sich bewusstwerden, dass sie selbst der Schlüssel sind für ein glückliches Leben. Auf einer Ebene, wo ein Problem entstanden ist, kann es nicht gelöst werden.

Zunächst ist es wichtig zu wissen, dass wir die Probleme, die wir auf einem Bewusstseinsniveau haben, auf einer höher schwingenden Bewusstseinsebene niemals haben werden und haben können – es ist einfach unmöglich! Sie existieren dort nicht in dieser Frequenz!

Wir sind hier auf Erden, um uns zu entwickeln und Entwicklung sorgt dafür, dass wir unsere Probleme heilen.

Um nochmals zu der Frau mit ihrem Ex-Mann zurückzukommen. Sie wurde eines Abends von einer alten Freundin, die sie nach Jahren per Zufall wieder beim Einkaufen traf, zu Essen eingeladen. Was sie nicht wussten, dass es eine kleine Party war, auf der sie viele andere Menschen traf und unter anderem einen Mann kennen lernte, der von ihr begeistert war und von ihrem Wissen.

Sie war locker und entspannt und lachte auch endlich mal wieder. Es tat ihr so gut, dass dieser Mann sie schließlich in seiner Firma einstellte und sie so viele verdiente, dass es ausreichte, um einen guten Lebensstandard aufzubauen für sich und ihr Kind. Für sie war dies wichtiger und er Fokus fiel so nicht mehr jeden Tag auf finanzielle Sorgen und Ängste und auch nicht mehr in Wut auf ihren Ex-Mann.

Doch was sich dann ergab, war fast magisch. Durch ihre Schwingung und ihre Freude an diesem besagten Abend, strahlte sie so viele positive Energie aus, dass sie einen Job bekam, der alle ihre Kosten abdeckte und sie auch noch gut leben konnte. Die Wut gegenüber ihres Ex-Mannes verflog dadurch, und sie befand sich ab dem besagten Party Abend in einer höheren Frequenz, auf der sie „unbewusst" sendete. Darauf folgte, dass ihr Ex-Mann keine Negativität mehr und Wut mehr von ihr gesendet bekam, und er auf einmal ohne den Druck, den Unterhalt zahlen konnte. Druck erzeugt Gegendruck und dieser Druck breitet sich aus, so dass er Blockaden erzeugen kann. Alles änderte sich zum POSITIVEN für alle Beteiligten. Es musste also zuerst etwas geheilt werden, damit das andere im Leben Ausdruck finden konnte.

Lass also alles los, was dich daran hindert, hoch zu schwingen und glücklich zu sein!

Es gibt etwas, was größer ist als wir alle, und dass sich um uns sorgt und durch uns Ausdruck finden möchte. Löse die Aufmerksamkeit von allem, was dir nicht guttut und richte die Aufmerksamkeit auf die größere Macht in DIR!

Wo kommt den unser Wohlstand und unser Wohlergehen her, und unsere Glückseligkeit??? Es kommt aus dem Inneren!!!

Diese Frau entwickelte sich, ändert ihren Fokus und ihr gesamtes Leben änderte sich auf einmal!

Das ist der Schlüssel. Fast jeder Mensch hat solche Schlüsselaufgaben, die es gilt zu lösen. Wenn sie gelöst wurden, dann öffnen sich neue Türen zu neuen Möglichkeiten. Und manchmal ist es nur ein Treffen unter Freunden, was dafür sorgt, dass das Universum erneut Fügungen sendet.

Wenn es um das Realisieren von Dingen durch Gedanken geht (wie zum Beispiel mehr Geld zu verdienen), hängt viel vom inneren Wandel ab. Was ist die größte und schönste Entfaltung in deinem Leben und was ist der Sinn deines Lebens?

Möglicherweise nicht das, was du zurzeit siehst! Denn viele sind gefangen in Regeln und Meinungen und Wünschen anderer und leben nicht die eigenen bzw. nehmen diese nicht wahr.

Ab dem Moment unserer Geburt, werden wir geprägt von unseren Eltern, Dingen und Ereignissen der Gesellschaft. Wir erleben eine Prägung, auch soziale Prägung genannt, innerhalb unserer Familie und Gesellschaft und eine emotionale Prägung!

Wir haben gelernt mit diesen Prägungen oder auch Indoktrinationen umzugehen. Wir lernten uns anzupassen und zu überleben in dieser Welt, in diesem System, in dem wir aufwuchsen. Doch dann tritt manchmal eine Krise ein, die für uns gedacht ist, damit wir aufwachen und anfangen das Gelernte zu hinterfragen. Unser Leben zu hinterfragen! Wie jetzt aktuell in dieser globalen Krise. Eine Krise zeigt sich immer dann in unserem Leben, wenn wir nicht voll und ganz leben, wie es unserer Seele entspricht!

Wir haben ja auch gelernt uns anzupassen und wir haben gelernt, diese Anpassungen und Glaubens-richtungen, die uns von außen geprägt haben, als Wahrheit anzuerkennen, weil uns auch dies so gesagt wurde. Bis zu dem Zeitpunkt, wo wir aufwachen, und die Blase platzt!

Wir merken, dass all dies nicht unserer Wahrheit entspricht, wir merken, dass wir eigenständige Wesen sind und selbst für uns verantwortlich sind und nicht ein System, was uns glaubhaft machte, dass es sich gut um uns kümmert.

Das Leben, für das wir bestimmt sind, geht über unsere jetzige Prägung hinaus. Wir sind jetzt hier, und wir sind in diesem Leben inkarniert, um uns davon zu befreien, zu hinterfragen, ob das, was wir gelernt haben „Wahrheit" ist, und ob das, was wir gelernt haben, unserem „Höheren Selbst", unserer Seele dauerhaft dient. Wenn erst einmal diese Dynamik in unserem Inneren ins Rollen kommt, gibt es nichts, im Himmel oder auf Erden, was unser Schicksal aufhalten kann.

**Hier eine Übung:**

Gibt es irgendetwas in deinen Gedanken, in deinen Gefühlen bezüglich deiner Bestimmung, die du vielleicht verdrängt hast?

Vielleicht verdrängst du diese, weil sie sich für dich unrealistisch anfühlen oder sie nicht die Zustimmung von deinem Umfeld, wie Eltern oder Freunden finden würden. Oder sind sie etwas, was du anzweifelst, bei dem du dir nicht sicher bist, ob du es wirklich machen kannst?

Was macht dieser Gedanke mit dir, der aus den tiefen deines Geistes hervorkommt und Teil deiner Bestimmung hier auf Erden sein könnte? Schreib es bitte auf, es können auch mehrere Gedanken sein.

# Die vier Bewusstseins-Ebenen des Wachstums!

Diese 4 Ebenen des Wachstums und der spirituellen Entfaltung veränderten bei mir persönlich alles. Ich lebe viel bewusster den Tag, alles was ich mache, mache ich bewusst und ich danke bewusst für alles, wenn ich esse, dann esse ich, wenn ich laufe, dann laufe ich, wenn ich mich mit unterhalte, dann geht meine Aufmerksamkeit zu diesem Menschen. Ich bin mir bewusst darüber, dass die Energie der Aufmerksamkeit folgt, und ich bin mir bewusst, dass ich selbst für meine Emotionen verantwortlich bin!

Es gibt unterschiedliche Stufen von Bewusstsein, durch die ich ebenfalls gehen durfte. Ich sehe sie heute als eines der größten Geschenke im Bereich Lebenserfahrung an, die ich jemals bekomme, habe. Wachstum auf allen Ebenen!

Eine der Stufen, die wir alle kennen, ist das sogenannte Opferbewusstsein. Hier glauben wir, dass unser Schicksal, unsere Finanzen, unser Glück unsere Gesundheit und Emotionen von etwas in unserem Umfeld bestimmt werden.

Leider leben die meisten Menschen auf der Erde, in diesem Bewusstsein oder einige Teilbereiche ihres Lebens.

Das können traumatische Beziehungen sein, Ereignisse aus der Kindheit, religiöse Erfahrungen, Astrologie, Kartenlegungen etc..., etwas im Außen, was Einfluss auf unser Leben hat. Opfer erkennt man daran, dass sie immer für ihr DA-SEIN, für ihre Umstände, in denen sie sich gerade befinden, jemand anderen dafür verantwortlich machen, wie zum Beispiel: „Meine Eltern sind schuld daran, dass ich keine glückliche Ehe lebe oder mein Partner ist Schuld daran, das durch seine Untreue unsere Beziehung kaputt gegangen ist oder das Konto leer ist etc...

Warum ist das so? Viele Menschen leben in ihrem Opferbewusstsein voll und ganz und gehen auch darin auf, da es einfacher ist, jemand anderem die Schuld zu geben, als in Selbstverantwortung für sich und sein Leben zu treten! Andere Menschen leben es nur zum Teil, das heißt in einigen Teilen des Lebens. Sie verstehen nicht, warum sich in ihrem Leben nichts verändert.

Hier ein schöner Satz von Alan Watts, einem wundervollen Philosophen:

Der Wunsch nach einem positiven Erlebnis, ist ein negatives Erlebnis. Das Akzeptieren von negativer Erfahrung, ist eine positive Erfahrung. Je mehr du das Glücklichsein verfolgst, desto unzufriedener wirst du.

Denn das Erreichen wollen einer Sache, verstärkt die Tatsache, dass dir überhaupt etwas fehlt. Je größer dein Wunsch ist reich zu sein, desto ärmer und weniger Wert fühlst du dich, egal wieviel Geld du wirklich verdienst.

Je stärker dein Verlangen ist, sexy und attraktiv zu sein, desto hässlicher wirst du, dich selbst wahrzunehmen, unabhängig davon, wie du tatsächlich aussiehst. Je mehr du dir wünschst, glücklich zu sein und geliebt zu werden, desto einsamer und ängstlicher wirst du werden, unabhängig von deinem Umfeld. Je mehr du spirituell erhellt werden willst, desto egoistischer und oberflächlicher wirst du auf deinem Weg.

Im Opferbewusstsein liegt immer dein Augenmerk auf das, was du nicht hast! Du hörst nicht auf, danach zu streben. So entsteht ein Widerstand oder eine Gegen-absicht und es erzeugt noch mehr von dem was du nicht willst. Du bist im Mangel-bewusstsein.

### Opferbewusstsein = Mangelbewusstsein!

Du sagst damit aus, dass du nicht schön genug bist, nicht schlank genug, nicht reich genug, nicht glücklich genug, statt dich dafür zu entscheiden, dass du es bist, im inneren!

### Willst Du Liebe, dann sei Liebe!

Dann gibt es eine weitere Bewusstseinsstufe. Du kommst ins bewusste Verwirklichen. Das heißt, du lernst die universellen Gesetze kennen.

Wir lernen, dass alles Energie ist, Emotionen, Gedanken, Handlungen, alle Sinneswahrnehmungen, Erfahrungen, Manifestationen. Es geht um Affirmationen, Erklärungen und Entscheidungen, richtiges Visualisieren und wie du deine Visualisierungen mit Emotionen verbinden und somit auch manifestieren kannst.

Zu verstehen wie wichtig die Emotionen und Gedanken dabei sind, da diese eigenen Schwingungsfelder /Frequenzfelder kreieren, auf denen gesendet und auch empfangen wird.

Du lernst in dieser Bewusstseinsstufe, dir Szenarien zu kreieren und zu manifestieren, die du in deinem Leben haben möchtest und dich bewusst zwischen positiven und negativen Gedanken-Konstrukten zu entscheiden! Diese Ebene bereitet dich auf weiteres Wachstum vor, es ist eine wundervolle Ebene, um zu trainieren.

Wenn du verstanden hast, wie wichtig es ist darauf zu achten, was man denkt und fühlt und du der Schöpfer deines Umfeldes bist, dann willst du dich gar nicht mehr mit Menschen oder Dingen abgeben, die dir nicht guttun!

Dramen werden weniger, und wenn man sich mal überlegt und kurz zurückblickt, wie viele Dramen man sich schon unbewusst kreiert hat, dann kann man froh sein, dass diese ab jetzt der Vergangenheit angehören.

Es gibt einen schönen Satz: „Achte auf deine Gedanken, denn sie sind der Beginn deiner Taten!"

Auf dieser Ebene fängst du bewusst an, dich von der Opferrolle zu lösen und Verantwortung als Schöpfer deines Lebens zu übernehmen. Man beginnt auf dieser Ebene auch, eine Verbundenheit zu allen Lebewesen aufzubauen. Auf dieser Ebene fangen vielen Menschen an, auch kein Fleisch mehr zu essen und ihre alltäglichen Gewohnheiten zu hinterfragen. Ihr Da-Sein, ihre Arbeit, deren Sinnhaftigkeit über ihr eigenes Konsumverhalten im Bereich Tierschutz und Umweltschutz etc., ändert sich. Sie wissen, dass die Nachrichten „nach-gerichtet" werden, sie hinterfragen und werden bewusster.

Einige bleiben auf dieser Ebenen hängen, sie spüren, dass es etwas gibt, das sich entfalten möchte, wissen aber oft nicht was es ist und wenn sie es wissen, dann wissen sie nicht wie sie es manifestieren können.

Viele kratzen hier auf dieser Ebene auch nur an der Oberfläche, sie wissen, sie signalisieren, dass sie es wissen und verkünden und entscheiden Dinge, wissen aber noch wirklich, was ihre Seele möchte. Deshalb gibt es zwar mittlerweile immer mehr reiche Menschen, doch auch viele unzufriedene oder unglückliche und einsame, da sie nicht alle Aspekte ihre Selbst leben.

### „DAS LEBEN GESCHIEHT IMMER DURCH DICH HINDURCH!"

Viele reiche Menschen beherrschen perfekt das Gesetz der Manifestation, und ihre Aufmerksamkeit dreht sich fast nur darum, doch andere Bereiche finden dadurch nicht in die Balance, sie verkümmern. Du kannst zwar einige geistige Gesetze beherrschen, dennoch bedeutet es nicht, dass du auch glücklich bist. Deshalb ist es unerlässlich alle 4 Ebenen ins Gleichgewicht zu bringen.

Die nächste Ebene ist der Prozess des Werdens!

Entwicklung um zu WERDEN! Vorstufe vom So-Sein!

Diese Ebene ist ein Wendepunkt. Erlaube dir die Hingabe, sich alles zu eigen zu machen. Denn alles ist in dir bereits vorhanden.

So wie du denken und fühlen und handeln kannst, so kannst du mit allen deinen Sinnen wahrnehmen und du weißt bereits auf dieser Ebene, was es heißt all das loszulassen, was du nicht mehr brauchst und was dir nicht mehr dienlich ist!

Bei der Hingabe geht es dann, dich voll und ganz deinem Inneren hinzugeben. Manchmal verstehen wir nicht, was sich entwickelt, weil alles auf dem Fluss der Schwingungen aufgebaut ist. Wie zum Beispiel bei mir. Ich wollt einen Kurs kreieren und es wurden drei Kongresse daraus + Kurs + weitere Kurse!

Hättest du mir das vor 2 Jahren erzählt, dann hätte ich dich vielleicht für verrückt erklärt.

Alles fügte sich für mich, ein Experte/Expertin nach dem/ der anderen sagte mir die Interviews zu, und ich bekam noch Empfehlungen für weitere Experten und auch Kooperationsanfragen. Alles fügte sich, ohne mein zu tun. Die Absicht meine Seele und des Universums war im Einklang und ich vertraute und ließ mich führen. Es war eine magische Erfahrung und seit dem weiß ich, dass immer gut für uns gesorgt ist.

Dann kommt noch die letzte Ebene des Bewusstseins, die SO-SEIN-EBENE!

Das ist die Ebene, wo sich das Trennungsbewusstsein zu allem was ist, auflöst und du verstehts, dass du eins bist, mit allem und somit auch daran beteiligt bist, was im KOLLEKTIV geschieht und nicht mehr gegen die Universellen Gesetze lebst. Du achtest alles Leben auf diesem Planeten und ehrst es und du bist nicht mehr bereit zerstörerisch gegen dich oder andere Lebewesen zu handeln. Du bist eins mit dem Leben. Genauso wie eine Welle den Ursprung im Meer hat und ein Sonnenstrahl von der Sonne ausgeht. Bewusst zu sein, dass wenn der Strahlt getrennt wäre, er aufhören würde zu existieren. Wir haben unseren Ursprung im physischen sowie im nicht-physischen!

Du fängst an zu realisieren, dass dein Leben in der PRÄSENZ ist, mit allem was ist! Sobald du das helle Licht deiner Seele gespürt und gesehen hast, verblasst die Bedeutung von allem anderen.

Sobald du in diesem Bewusstsein bist, umso mehr kannst du geben, desto mehr wird dir auch ab-verlangt, desto mehr Kreativität, Freundlichkeit und Großzügigkeit und Wohlstand fließt durch dich hindurch! Es fließt durch dich und zu dir OHNE das Gefühl, an etwas gebunden zu sein.

Die meisten Menschen auf der Erde leben im Opfer-bewusstsein des Leidens und der Schuldzuweisung, danach folgen die Menschen in der zweiten Bewusstseins-ebene.

Sie bilden sich freiwillig fort, nehmen an Seminaren und Ausbildungen teil und wollen verstehen, warum sie ihr Leben so führen wie es ist und wollen wissen, welchen Optionen sie haben und was sie verändern können. Sie wollen raus aus der Opfer-rolle und fangen an, in die Selbst-verantwortung zu gehen.

Nur wenige Menschen auf dem gesamten Planeten Erde finden sich in der dritten Bewusstseinsebene wieder. Sie haben gelernt, das Gelernte auch bewusst anzuwenden, sie übernehmen die volle Verantwortung für ihre Lebens-umstände, sie sind erwacht und folgen dem Ruf ihrer Seele. Was man auch hier sehr gut feststellen kann, ihre Sinne sind besonders stark ausgeprägt oder verstärkt, durch die Reinigungsprozesse, durch die sie gelaufen sind und die Umstellung auf eine andere Ernährungs-weise. Die meisten ernähren sich rohköstlich vegan/vegetarisch. Sie achten sehr stark auf ihr Umfeld und mit welchen Dingen und Menschen sie sich umgeben. Sie achten auf ihre Energien, die sie senden und empfangen.

Die letzte Bewusstseins-Stufe, Leben im So-SEIN, im Einklang und im Fluss mit allem was ist, dort sind sehr wenig Menschen. Im vollkommenen Bewusst-sein!

Auf welcher Stufe siehst du dich?

Die meisten Menschen schätzen sich eine Stufe Höher ein, als sie sind und warum? Weil sie denken und fühlen und das Wissen zwar haben, doch es im Alltag nicht oder nicht sehr oft umsetzen. Wichtig ist, setze dich hier nicht unter Druck, nehme an was ist und sehe in jeder Lernaufgabe ein Geschenk, das für dich da ist, um zu wachsen.

Ich für meinen Teil, weiß, das ich nichts weiß! Es gibt so viel Wissen und ich freue mich, dieses Leben auf Erkundungstour zu gehen und mir das Wissen anzueignen, welches mich noch interessiert. Das Leben ist eine Geschenkebox, in der viele kleinen Geschenkboxen enthalten sind, die ich nach und nach öffnen darf und mich überraschen lassen darf, was als Nächstes ausgepackt wird und sich zeigt. Alles ist für mich und niemals gegen mich. Das habe ich in den letzten Jahren intensiven Lernens erleben dürfen. Seit her höre ich auf meinen Körper und auf das, was er mir mitteilt und wenn ich müde bin, dann mache ich eine kleine Pause und wenn ich Ruhe brauche und allein sein möchte, dann nehme ich mir die Zeit für mich, meinen Körper und meine Seele. Dein Körper und dein Umfeld zeigen dir immer auf, wo du gerade stehst in deinem Leben.

Zum Abschluss möchte ich mich bei dir bedanken. Ich habe im Anhang noch eine kleine Liste von Affirmationen für dich aufgeschrieben für die Bereiche:

Wohlbefinden, Abnehmen, Glück, Reichtum und Fülle, Partnerschaften! Vielleicht ist die eine oder andere Affirmation für dich dabei, die mit dir in Resonanz geht.

Du kannst sie natürlich auch in deine Worte umwandeln. Fühle hinein, fühle, was sich stimmig für dich anfühlt.

Herzlichst *Sabine Kohlhepp*

# Affirmationen: Unterstützung auf deinem Seelenweg!

„Grenzenlose Energie strömt durch mich hindurch"

„Ich fühle mich behütet und beschütz"

„Ich liebe alle meine Zellen"

„Gesundheit ist der natürliche Zustand meines Körpers"

„Ich bin gerne entspannt und ruhe in mir"

„Ich bin Vollkommen und gut so wie ich bin"

„Ich bin vollkommen heil und gesund"

„Ich bin auf dem WEG der Gesundheit und Heilung"

„Gesundheit ist einfach für mich erreichbar"

„Ich heute viel gesünder, als jeden vergangen Tag"

„Grenzenlose Energie durchströmt meinen Körper, meinen Geist und meine Zellen"

„Ich bin die reine Liebe, die reine Freunde und das helle Licht"

„Alle Bewegungen meines Körpers fließen von selbst in Harmonie"

224

„Ich nehme bewusst alle Botschaften meines Körpers wahr"

„Ich bin Liebe"

„Ich bin Harmonie"

„Ich bin Freude"

„Ich bin Licht"

„Ich bin Fülle „

„Ich bin Glück"

„Ich bin unendlich"

„Ich bin Reichtum und Erfolg"

„Ich bin vollkommen heil und gesund"

„Ich beschließe mich gerade jetzt gut zu fühlen"

„Ich entscheide mich jetzt für positive Gedanken und Gefühle"

„Ich bin der Schöpfer meines eignen Selbst"

„Ich bin der Schöpfer meiner Matrix"

„Ich bin der Schöpfer meines Umfeldes"

„Ich bin dafür verantwortlich, was ich anziehe, also entscheide ich mich für alles was mich nährt"

„Ich vertraue voll dem Prozess des Lebens"

„Ich bin wichtig"

„Ich bin glücklich und dankbar für jede Lebenserfahrung die ein Geschenk bereit hält, wachsen zu dürfen"

„Ich entschließe mich zu entspannen und mich zu zentrieren"

„Ich setze jetzt nährende Prioritäten für mein Wohlbefinden"

„Ich befinde mich im Prozess der Heilung"

„Ich beanspruche jetzt für mich Gesundheit und inneren Frieden"

„Ich lebe mein Höheres Selbst im Einklang mit allem was ist"

„Ich bin das Höhere Selbst und lebe daraus"

„Ich bin mit Kraft und Ganzheitlichkeit gesegnet"

„Ich bin WISSEN"

„Das Universum ist mir immer wohlgesonnen"

„Ich vertraue dem Fluss des Lebens"

„Ich vertraue, dass DAS, was für mich bestimmt ist, auch für mich gemacht war, und dass DAS was ich verpasse, nicht für mich gedacht war"

„Ich esse gesunde Nahrungsmittel die meinen Körper nähren"

„Ich entscheide mich, in meinem Leben Spaß und Freude zu haben und glücklich zu sein"

„Ich erschaffe meine Realität- JETZT-"

„Ich konzentriere mich auf die positiven Seiten meines Lebens und kreiere dadurch mehr positives"

„Die Energie folgt der Aufmerksamkeit und ich richte meine Energie nur noch auf das was mir guttut!"

„Ich bin leidenschaftlich, schön und sehr intelligent"

„Ich verdiene alle Gute der Welt"

„Ich verdiene Liebe und Glück und Reichtum"

„Ich schätze jeden Tag in meinem Leben, da er mir immer neue Erfahrungen schenkt"

„Ich entscheide mich für positive Kommunikation mit mir und mit meinen Mitmenschen"

„Wohlstand und Überfluss kommen liebevoll und mit Leichtigkeit in mein Leben!"

„Ich bin ein GELDMAGNET"

„Ich operiere aus Liebe"

„Mein Körper, mein Geist und meine Seele lieben es in Bewegung zu sein"

„Regelmäßiger Sport bereichert mein Leben"

„Jeden Tag ...... MINUTEN Sport verändern mein Wohlbefinden und tragen zur Gewichtsabnahme bei"

„Ich bin dafür geschaffen, gesund, glücklich und schlank zu sein"

„Diesen Tag beschließe ich in vollkommenen Frieden zu sein"

„Ich lasse das Licht Gottes durch alles strahlen, was ich denke, sage und tue"

„Ich lebe in finanzieller Freiheit"

„Ich kommuniziere klar"

„Ich ziehe jetzt finanziellen Überfluss in mein Leben und beschließe, dass dafür notwendige zu tun"

„Ich bin reich, denn ICH BIN!"

„Ich bin verantwortlich für mein Wohlbefinden und entscheide mich dafür mich gut zu fühlen"

„Ich lasse jetzt die göttliche Energie durch mich hindurchfließen und erhöhe meine Schwingungen"

„Die Zellen meines Körpers sind lebendig und gesund"

„Ich akzeptiere meine Ängste und lasse diese durch mich hindurchfließen, damit ich sie loslassen kann"

„Ängste sind ein Wegweiser meiner Schwingungen"
„Ich bin bewusst mit allem was ist"

„Das Universum sorgt dafür, das alles zur richtigen Zeit in mein Leben tritt"

„Ängste sind dankbare Wegweiser und zeigen mir auf, wo ich gerade stehe in meinem Leben."

„Für jede Angst die ich fühle kreiere ich eine direkte Lösung indem ich mit ihr kommuniziere"

„Ich bade in der bedingungslosen Liebe meines Schöpfers und sie strahlt zu allen Zeiten von mir aus!"

---

„Ich bin immer erfolgreich in allem was tue"

„Ich bin geboren, um in allen Bereichen meines Lebens Erfolg zu haben"

„Ich ziehe Erfolg an, denn ich BIN ERFOLG!"

„Ich glaube an meine Begabungen und Fähigkeiten, meine Träume erfolgreich zu manifestieren"

„Ich denke immer POSITIV und ziehe dadurch nur Erfolg an!"

„Mein Leben ist voller erfolgreichen Lebensereignisse"

„Ich konzentriere mich darauf, erfolgreich zu sein"

„Ich bin sehr motiviert, effizient und produktiv"

„Ich bin ein Erfolgsmagnet"

„Es gelingt mir immer mehr all meine Träume im Außen zu manifestieren"

„Erfolg ist für mich ein natürlicher Zustand meines SEINS"

„Die Kraft erfolgreich zu sein ist immer ein Teil von mir"

„Ich werde von einer höheren Intelligenz geleitet, um Erfolg und Glück für alle Menschen auf die Erde zu bringen"

„Ich bin mein Erfolgsgeheimnis"

„Wissen ist Macht"

„Ich habe Zugang zum unendlichen Wissen des Universums und schöpfe daraus"

„Erfolg ist mein natürlicher SEINSZUSTAND!"

„Ich erreiche alle meine Ziele nacheinander so wie es sein soll"

„Ich bringe der Menschheit mit meinem Wissen in ein höheres Bewusstsein!"

„Ich glaube das es für alle Probleme Lösungen gibt"

„Ich gehe mit ethischen Methoden dem Erfolg entgegen"

„Wenn ich NEIN zu jemanden sage, dann ist das ein ehrliches JA zu mir"

„Ich liebe und schätze meine schönen Haare"

„Mein Haar ist gesund und glänzend"

„Ich habe weiche, seidige und kräftige Haare"

„Ich liebe meine Haare und meine Haut"

„Meine Frisur ist ein Ausdruck meines Selbst"

„Mein Haar ist gesund und frei von Schuppen, da ich mich gut ernähre"

„Meine Haare wachsen nach während ich atme"

„Ich habe starke Haarzellen"

„Mein Körper verjüngst sich auf natürliche Weise durch gesunde Nahrungsmittel"

„Ich esse viel Rohkost und natürliche Nahrungsmittel, um gesunde Zellen zu erhalten und aufzubauen"

„Ich bin mit schöner und gesunder Haut gesegnet"

„Ich bin auf dem richtigen Weg zu einer schönen Haut durch gesunde Ernährung"

„Meine Haut ist klar und strahlend"

„Meine Hautunreinheiten und Schuppen werden von Tag zu Tag weniger und ich spüre die positive Verbänderung in meinem Körper"

„Meine Haut strahlt in ihrem jugendlichen Glanz"

„Ich liebe und segne meine Haut"

„Durch gesunde Ernährung wird meine Haut Faltenfreier"

„Meine Flecken und Hautkrankheiten verschwinden jetzt nach und nach durch gesunde

Nahrungsmittel"

„Ich schicke meinem Körper jeden Tag Licht und Liebe"

„Ich kümmere mich ab jetzt ganzheitlich um meinen Körper und meinen Geist"

„Ich liebe mich bedingungslos"

„Ich akzeptiere mich ganz und vollständig mit jeder Faser meines Körpers"

„Ich liebe mich bedingungslos und akzeptiere mich so wie ich bin"

„Ich bin meiner eigenen Liebe und Zuneigung würdig"

„Ich bin sanft und freundlich zu mir selbst und erhole mich von meinen Fehlern"

„Ich mag die Person, die ich jetzt im Spiegel sehe, sie ist wundervoll"

„Mein Herz ist immer voller Anmut und Schönheit"

„Ich bin im Frieden mit allem was ist"

„Natürliches Glück und Liebe sind meine Geburtsrechte"

„Ich bin stolz darauf wer ICH BIN!"

„Ich bin ermächtige mich jetzt alle negativen Aspekte meines Lebens zu überwinden"

„Ich ermächtige mich, jetzt meine Ängste zu integrieren statt sie zu bekämpfen"

„Ich bin ein guter und liebevoller und achtsamer Mensch"

„Ich bin eine gute und liebevolle Mutter, Frau und Partnerin, die es verdient hat liebevoll, respektvoll und achtsam behandelt zu werden"

„Ich habe unbegrenztes Vertrauen in meine tollen und vielfältigen Fähigkeiten"

„Ich unterstütze Menschen begleitend heilend auf ihrem WEG"

„Ich bin sehr stolz auf mich selbst und alles was ich erreicht habe"

„Ich bin ein einzigartiges Geschenk für diese wundervolle Welt"

„Ich bin ein Geschenk für Kinder „

„Ich bin ein Geschenk für Tiere"

„Ich bin ein Geschenk für Mutter Natur"

„Mein Leben ist ein Ort der Ausgeglichenheit und Harmonie"

„Ich bin auf dem WEG um ausgeglichen und harmonisch in mir selbst zu werden"

„Ich wachse und lernen jeden Tag, denn jeder Tag ist ein Geschenk mit all seinen Gaben"

„Ich habe schon GROSSE Dinge vollbracht zum Wohle der Menschheit"

„Andere sind inspiriert von meiner Fähigkeit ich selbst zu sein"

„Ich bin ehrlich zu mir selbst und authentisch und ich ziehe Menschen in mein Leben die dies ebenfalls sind"

„Ich finde es leicht meine positiven Eigenschaften zu erkennen und meine Schwächen in Stärken zu transformieren"

„Ich erkenne die Göttlichkeit in mir"

„Ich bin göttlich"

„Ich akzeptiere meine Schwächen, denn diese sind meine besten Lernfelder"

„Ich löse mich von negativen SELBSTGESPRÄCHEN!"

„Ich rede gut über mich selbst"

„Ich liebe die Person die ich gerade werde"

„Ich bin voller POSITIVITÄT"

„Ich bin voller Tatendrang, etwas Wundervolles auf dieser Erde zu erschaffen"

„Ich bin vollkommen SCHÖN, im INNEN wie im AUSSEN!"

„Ich sehe die wahre Schönheit die ich bin"

„Ich vertraue immer meiner inneren Stimme und meinem Bauchgefühl"

---

DANKBARKEIT IST DER MÄCHTIGSTE SCHLÜSSEL ZUM GLÜCK!!!

„Ich bin Dankbar für alles was ich habe in meinem Leben"

„Ich bin dankbar für alle Menschen, die wundervolle und positive Energien in mein Leben bringen"

„Ich bin dankbar für jede Erfahrung, die ich in meinem Leben machen durfte und noch machen darf"

„Ich bin dankbar durch Lernaufgaben wachsen zu dürfen"

„Ich bin dankbar für das Gesetz der Resonanz, es zeigt mir immer auf wo ich gerade stehe in meinem Leben"

„Ich zähle meinen Segnungen jeden Tag"

„Ich bin dankbar, dass ich mit so viel Wissen gesegnet bin"

„Ich bin dankbar für mein Leben und meine Familie"

„Ich bin dankbar für unsere wundervollen Tiere, die unser Leben bereichern in Licht und Liebe und bei uns wohnen"

„Ich bin dankbar für alle meine Partnerschaften, denn sie zeigen mir, wo ich gerade stehe in meinem Leben"

„Ich bin dankbar für fließendes Wasser, Strom und Heizung in meiner Wohnung / Haus"

„Ich bin dankbar für ein Leben in der westlichen Welt, wo es alles im Überfluss gibt"

„Ich bin dankbar jeden Tag gesundes Essen und sauberes Wasser zu haben"

„Ich bin dankbar für ein warmes Bett und warme Kleidung an kalten Tagen"

„Ich bin dankbar für tolle Freundschaften"

„Ich bin dankbar für tolle Schüler und Klienten „

„Ich segne alle meine Beziehungen und mein Leben mit Dankbarkeit und Liebe „

„Ich behandle das Leben als ultimatives Geschenk des Universums und danke dem Universum dafür"

„Ich begrüße jeden TAG mit Dankbarkeit und Liebe den ich erleben darf"

„Ich bin dankbar gesund zu sein „

„Ich bin dankbar für gute Heilpraktiker und Ärzte die ganzheitlich schauen"

„Das Gefühl der Dankbarkeit lässt mich in Ruhe und Frieden sein mit mir"

„Das Gefühl der Dankbarkeit löst Glück und Zufriedenheit in mir aus, wofür ich wieder dankbar bin"

„Ich bin dankbar für meine Intelligenz und mein breites Wissen und deren Fähigkeiten anderen zu helfen"

„Ich bin dankbar ausbilden zu dürfen und die Menschen mit Glückseligkeit zu erfüllen"

„Ich bin dankbar für die Technik und die Onlinevernetzung der Menschheit um damit GUTES zu tun"

„Ich bin dankbar für Telefon und Post und alle Berufe die den Menschen tolle Dienstleistungen erbringen"

„Ich bin dankbar eins mit der Schöpfung zu sein und selbst zu erschaffen und mein eigener Schöpfer zu sein!"

„Ich bin dankbar das ich heute einkaufen konnte"

„Ich bin dankbar für ein leckeres Eis im Sommer"

„Ich bin dankbar für gesunde Nahrungsmittel"

„Ich bin dankbar für mein Auto, welches mich überall hinfährt"

„Ich bin dankbar für mein Fahrrad, welches mich FIT hält und von A nach B bringt!"

„Ich bin dankbar für das viele Geld, welches ich verdiene um damit GUTES zu tun"

„Ich bin dankbar für meine Krankenversicherung"

„Ich bin von Gott bedingungslos geliebt"

„Ich bin dankbar für viele kostbare Momente der Freude und des Glücks und der Liebe in meinem Leben"

„ICH BIN DANKBAR FÜR DIE FÜLLE DIE JETZT IN MEIN LEBEN FLIESST"

„JEDEN TAG DANKE ICH DEM UNIVERSUM FÜR MEINEN UNERMESSLICHEN REICHTUM"

„ICH DANKE DEM GELD DAS ZU MIR KOMMT"

„DANKBARKEIT HÄLT MICH MIT DER UNIVERSELLEN FÜLLE UND DEM REICHTUM VERBUNDEN"

„ICH BIN DANKBAR FÜR DIE MÖGLICHKEITEN; DIE MIR FÜLLE UND REICHTUM ERMÖGLICHEN"

„ICH BIN DANKBAR MIT DEM GELD GUTES ZU TUN"

# Erklärungen zu Fremdwörtern und Begriffen

Bedeutung von Spiritualität = Geistigkeit, inneres Leben, geistiges Wesen. Ein spirituelles Leben bedeutet, dass wir uns auf unser Inneres konzentrieren.

Hier befindet sich der Schlüssel zur Erweiterung des Bewusstseins und zu allen Fragen, die sich mit unserem Sein beschäftigen. Finden wir Antworten auf diese Fragen, so bedeutet das für uns ein erfülltes Leben voller Liebe und Harmonie.

Bedeutung der Begriffe 3 D Welt und 5 D Welt

Unser Planet Erde erhöht die eigene Schwingungsfrequenz/Aufstiegsfrequenz! Unterstützt wird dieser Aufstiegsprozess durch die andauernde kosmische Strahlung, die durch aktuelle Sonneneruptionen und Solarstürme verstärkt wird.

Die Natur antwortet mit einer Intensität, die spürbar und sichtbar ist für jedes einzelne Lebewesen, das heißt für alle Menschen, Tiere und Pflanzen!

**Was bedeutet das für uns?**

Es hat im Laufe der Evolution schon immer Zeiten der Veränderung und Umwälzung gegeben. Unsere

Mutter Erde ist Teil dieser kosmischen Evolution, so wie alle Lebewesen, die auf ihr existieren.

Doch noch nie hat es eine Zeit in der Geschichte der Menschheit gegeben, in der so viele von uns in ein neues Bewusstsein erwachen wie jetzt.

Das kollektive Bewusstsein erwacht in eine höhere Dimension.

Denn wir sind nicht nur 3-dimensionale Wesen. Sondern vieldimensionale Wesen. Wenn es so wäre, könnten wir diese Veränderung nicht wahrnehmen.

Auf dem Planeten Erde können wir zu jeder Zeit verschiedene Bewusstseinsebenen erfahren:

## 3D, 4D und 5D und mehr!

Die meisten von uns leben in einer der drei Bewusstseinsebenen. Manche von uns in einer Kombination von zwei oder drei dieser Bewusstseinsdimensionen, welche ich hier in diesem Buch beschrieben haben. Diese Bewusstseinsebenen beeinflussen unsere Wahrnehmung von der Welt, unsere Realität, wie wir sie erleben.

Diejenigen mit einer 3D-Bewusstheit erfahren die Welt und ihr Leben vollkommen anders als die Menschen, die sich in der 5D-Bewusstheit befinden.

Tatsächlich ist der Großteil der Menschheit noch immer unbewusst und weiß nicht, dass es die 5. Bewusstseins-dimension gibt – und wie sie sie erreichen kann.

Deshalb führe ich hier die 11 wichtigsten Unterschiede dieser drei Bewusstseinsebenen auf:

### Die 3D Bewusstheit

Du fühlst dich untrennbar mit deinem Körper verbunden und erlebst die Welt durch deine 5 physischen Sinne als rein materiell.

Du erlebst dich als Individuum, getrennt von anderen Menschen.

Du hast Feindbilder und verspürst Angst vor allem, was dir fremd ist.

Du glaubst, das Leben ist ein (Wett)Kampf der Besten. Nur wer stark genug ist, gewinnt.

Du bewertest Menschen, Tiere, Erfahrungen, Situationen aus einer Polarität heraus. Gut oder böse. Leicht oder schwer. Entweder – oder.

Du bist überzeugt, es gibt nicht genug für jeden. Die Ressourcen sind endlich.

Du verbindest Erfüllung mit dem Anhäufen von materiellen Dingen und deinem sozialen Status.

Das Leben geschieht Dir, du hast keine Macht, es zu steuern oder zu ändern. Alles ist Zufall oder Schicksal

Du lässt Dich von Deinen Instinkten und Gedanken steuern.

Du vermiedest tiefere und intensivere Gefühle

Du hast kein Bedürfnis nach Selbstreflexion oder einem tieferen Verständnis des Lebens.

## Die 4D Bewusstheit

Du erlebst deinen Körper als lebendig und mit einer eigenen Form der Bewusstheit, die auf dich und die Umwelt reagiert.

Du hast eine beginnende Wahrnehmung von Verbundenheit mit anderen Lebewesen.

Du spürst, dass das Leben aus mehr als dem Sichtbaren besteht.

Du hast immer noch die Idee von Gut und Böse, doch in dir entwickeln sich stetig Mitgefühl und Verstehen für andere Menschen und Sichtweisen.

Du verspürst das Bedürfnis nach einem gesunden, ausgeglichenen Lebensstil.

Du beginnst zu verstehen, wie deine Handlungen dein Umfeld beeinflussen und umgekehrt.

Du entwickelst eine Sehnsucht, deinen Lebenssinn zu entdecken und deine Talente auszuleben.

Du siehst das Leben als etwas, das man genießen sollte, und dass jeder Mensch es wert ist, das Leben seiner Träume zu leben.

Du weißt, dass Gefühle und Gedanken machtvoll sind, und setzt sie ein, um deine Realität zu erschaffen.

Dein 6. Sinn ist aktiviert und dein intuitives Wissen erweitert und verstärkt sich.

Du begreifst das Leben tiefer und bedeutungsvoller und entdeckst die Synchronizitäten darin.


**Die 5D Bewusstheit**

Du nimmst dich als unsterbliche Seele in einem physischen Körper wahr. Du hast keine Angst vor dem Tod.

Du fühlst eine unerschütterliche Liebe und Verbundenheit zu allem, was ist: Menschen, Tieren, Pflanzen, Mineralien, Mutter Erde, den Planeten, dem Universum.

Dir ist bewusst, dass du Teil des Großen Ganzen, des Göttlichen bist. Trennung ist eine Illusion. Du erlebst alles aus einem Gefühl der Einheit und der Fülle heraus. Alle vermeintlichen Unterschiede sind lediglich Nuancen des Großen Ganzen.

Du erfährst das Leben als ein Abenteuer. Jede Erfahrung dient dem Wachstum deiner Seele und der Möglichkeit, die Intensität der Gefühle und Gedanken zu erleben.

Du bist dir deiner Schöpferkraft bewusst und weißt, dass du durch deine Entscheidungen dein Leben erschaffst.

Du richtest deine Entscheidungen nach den Erfahrungen aus, die deine Seele zu machen wünscht.

Du siehst in allem eine höhere Bedeutung und verstehst die Zusammenhänge der Ereignisse.

Du verurteilst nicht. Jeder ist auf seinem individuellen Seelenweg.

Dein Lebenssinn ist es, deine Wahrheit zu entdecken und diese authentisch zu leben und auszudrücken.

Du verstehst, wie du durch Klarheit und Intention dein Leben kreierst.

Du weißt, dass das Universum ein unendlicher Quell der Fülle ist.

**Alle dieser 3Bewusstseinsebenen sind für sich richtig!**

**Keine ist besser oder schlechter als die andere**, sie dienen uns inkarnierten Seelen auf diesem Planeten gleicher-maßen für unsere individuelle Entfaltung und für unser Wachstum auf allen Ebenen unseres So-Seins!

Zusammenfassend kann man sagen, wenn du in der 3D-Bewusstheit lebst, erlebst du die Welt meist unbewusst und endlich.

Du lebst aus Gefühlen und Gedanken der Angst, des Widerstands und des Mangels heraus. Du vermeidest Veränderung, auch wenn sie un-vermeidlich stattfindet.

Lebst du in der 4D-Bewusstheit, bist du zwar immer noch zu großen Teilen unbewusst, doch du spürst, dass es mehr als die materielle Welt gibt.

Du fühlst den Drang in dir, diese Ebenen zu entdecken. Du beginnst, dich für das Metaphysische und deinen Seelenweg zu öffnen und lebst in einer Mischung aus Vertrauen und Ängsten.

Bist du in der 5D-Bewusstheit, spürst du ein tiefes Vertrauen in das Leben und das Universum.

Du weißt, dass du zu jeder Zeit genährt bist, und du lässt dich von deiner Seele und dem Universum leiten. Du verstehst, dass du dein Leben durch die Klarheit deiner Intention und deine Hingabe als aktive Handlung gemeinsam mit dem Universum gestaltest.

Solange wir als Seelen in physischer und auch nicht-physischer Form existieren, werden wir immer wieder alle 3 Bewusstseinsebenen erfahren!

Sei es durch Menschen, die uns begegnen, oder Erfahrungen, die wir selbst kreieren.

Doch das ist für mich der Reiz dieses wunderbaren Experiments „Leben": Dass wir alle diese Bewusst-seinsebenen in ihrer Intensität erleben dürfen, und dass wir wie bei einem großen Buffet bewusst entscheiden können, welche Erfahrungen wir machen und aus welcher Bewusstseinsebene heraus wir unser Leben gestalten wollen.

Also nimm die 11 wichtigsten Unterschiede der Bewusstseinsebenen als Markierungspunkte auf der Landkarte deiner menschlichen Erfahrung. Nutze sie, um dorthin zu navigieren, wohin dich deine Seele führt.

## Bedeutung morphogenetisches Feld

Als morphisches Feld, ursprünglich auch als morpho-genetisches Feld, bezeichnet der britische Biologe Rupert Sheldrake ein hypothetisches Feld, das als „formbildende Verursachung" für die Entwicklung von Strukturen sowohl in der Biologie, Physik, Chemie, aber auch in der Gesellschaft verantwortlich sein soll.

Das morphogenetische Feld beschreibt eine Art Energie-feld, das alles umgibt und alles Bewusstsein miteinander verbindet. Die Vorstellung geht dahin, dass eine Form von Energie alle Informationen über alles was im Universum vorhanden ist, speichert und jederzeit überall verfügbar macht.

## Danksagung

Danke an alle die mich bei der Veröffentlichung dieses Buches unterstützt und gefördert haben. Danke hier an meinen Verlag und Danke der geistigen Welt, für die vielen Informationen.

Danke auch an dich, für das Lesen dieses Buches.

Einen besonderen Dank geht an meine beide Töchter Helen und Lilly, die immer an mich glauben und mich dazu ermutigten, dieses Buch endlich fertig zu stellen. Sie sind meine Herzens-Engel.

Danke auch an meine Familie, meine Ahnen und die Lernaufgaben, die ich geschenkt bekam, um zu wachsen.

Danke, Danke, Danke für mein wundervolles und magisches Leben!

Herzlichst Sabine Kohlhepp

# Über die Autorin Sabine Kohlhepp

Sabine Kohlhepp, 1971 in Wiesbaden (Hessen) geboren, aufgewachsen in Saarbrücken und wohnt schon seit einigen Jahren hier in Flensburg. Sie ist Mutter von 2 wundervollen Töchtern, 13 und 16 Jahre.

Sie ist bekannt als eine sehr erfolgreiche Geistheilerin, Schülerin von Kurt Tepperwein und Lehrerin mit Herz für Ernährungs-, Bewusstseins-, Gesundheits- und Persönlichkeitsentwicklungs-Coachin, TCM-Therapeutin, Fitnessfachwirtin, Ernährungsexpertin, Hypnosetherapeutin, Pädagogin, Autorin, Lehrerin für Schamanische Heilwesen und Reiki incl. Großmeistergrade, und absolvierte die Heilpraktiker Schule auch für Psychotherapie.

Sie ist Autorin für das Online Magazin Spirit Online, Deutschlands größtes Onlinemagazin zu den Themen Spiritualität und Gesellschaft, sowie eine der bekanntesten Kongressveranstalterinnen Europas mit drei sehr erfolgreichen Kongressen zu den Themen: Lebendige Liebe, Lebe Deine Vision und Evolution, Wandel und Wachstum in dieser Zeit!

Mit ihrem neuen Werk: „BEGEGUNG MIT DEINER SEELE" übertrifft sie vieles bereits dagewesene, und räumt auf energetischer Ebene Ängste und Blockaden beiseite, die einen Menschen daran hindern, sein volles Potenzial zu leben und zu entfalten.

„GEHE DEN WEG DEINER SEELE!"

An diesem Leitsatz hat sich die Autorin ihr Leben lang orientiert und sehr erfolgreich ihr Business aufgebaut.

Seit vielen Jahren arbeitet Sabine Kohlhepp sehr erfolgreich im Business Mentorin, Partnerschaft, Familienstellen, als Pädagogin und bildet auch aus im Bereich schamanische Heilwesen, Reiki und vieles mehr.

„Seit einigen Jahren begleite und unterstütze ich viele Menschen dabei, erfolgreich zu sein und zu werden – das ist meine Bestimmung und Leidenschaft.

Dazu gehört das neuronale und schamanische Seelencoaching, sowie Persönlichkeits- und Bewusstseins-entwicklung. Und das gepaart mit Business-Knowhow. Ich bin Spezialistin für die MATRIXCREATION."

Dieser wundervolle Weg von mir begann im Saarland und hier oben im hohen Norden, habe ich dann weiter meinen Herzensweg verfolgt.

DAS "SOULBOOK-DEIN SEELENBUCH", welches ich ebenfalls seit Jahren erstelle für viele Menschen, zeigt Dir den Weg Deiner Seele, es ist ein Buch aus dem Weltengedächtnis, der Akasha-Chronik oder für einige auch aus der Palmblattbibliothek bekannt!"

Die Leidenschaft und Begeisterung den Menschen da abzuholen, wo er aktuell steht, ist das Ziel meines Da-Seins im Hier und Jetzt.

Ich habe viele Ausbildungen und Fortbildungen absolviert und selbst schon viele Menschen persönlich ausgebildet. Dadurch konnte ich ebenfalls wieder viel lernen, Erfahrungen sammeln und Werte erkennen, die ich sehr gerne an Dich und an die Welt weitergeben möchten.

Mit meinem wundervollen Onlinekurs:

"AUSBILDUNGSSEMINAR: ENERGETISCHER VISIONSCOACH!",

habe ich, Sabine, einen unglaublichen Meilenstein kreiert.

Für Dich, für uns und für alle anderen Menschen dieser Erde.

Dich dort abzuholen, wo Du gerade im Moment stehst, Dich zu begleiten, zu unterstützen und mehr ins Bewusstsein und in deine Entwicklung zu bringen. Dieser Kurs ist angegliedert an meinen wundervollen ganzheitlichen

>>Online Kongress: "The Vision Revolution Summit"<<

der bereits vom 20.12. bis 06.01.21 online stattfand. Weitere Kongresse:

lebendige-liebe-kongress.de

Als Lehrerin sowie Bewusstseins- und Motivations-Mentorin begeistern mich immer wieder neue Ideen, Herausforderungen und Ansätze.Die Erkenntnisse und Erfahrungen, die ich bisher beruflich machen durften, möchte ich mit Dir teilen. Ich unterstützen und begleite Dich dabei, in die Selbstheilung und mehr ins eigene Bewusstsein zu gelangen. Jedes Coaching/Mentoring, jeder Energieaustausch hat mich weiter sensibilisiert und an Erfahrungen reifen lassen. Ich bin davon überzeugt, dass Du, wenn Du dazu bereit bist Dich zu öffnen, mehr zu Deinem höheren Bewusstsein kommst und dadurch wieder vielmehr in die Liebe und Selbstliebe gelangst.

Herzlichst *Sabine Kohlhepp*, Januar 2022

# DIE KRAFT SICH SELBST ZU HEILEN LIEGT IN DIR!

Mit ihrem neuen Werk: „BEGEGUNG MIT DEINER SEELE" übertrifft die Autorin Sabine Kohlhepp vieles bereits dagewesene. Sie räumt auf energetischer Ebenen Ängste und Blockaden beiseite, die einen Menschen daran hindern, sein volles Potenzial zu leben und zu entfalten.

„GEHE DEN WEG DEINER SEELE!" - ist einer ihrer Leitsätze an dem sich die Autorin ihr Leben lang orientiert hat. Sie verbindest sehr erfolgreich alte Heilpraktiken mit modernster Wissenschaft und bietet mit diesem beeindruckenden Werk eine sehr genaue Anleitung und Einsicht, welche hilft, tiefste Heilung erfahren zu können, wenn wir bereit sind, den Weg unserer Seele zu gehen! Dieses Buch unterstützt nicht genutzte Energien wieder zu aktivieren und verborgenen Potenziale zu stärken, um wieder in ein ganzheitliches Gleichgewicht zu kommen. Depressionen, Ängste, chronische Er-krankungen, Dauer-müdigkeit und permanenter Stress sind leider heute zu alltäglich geworden in unserem System. Dieses lebensverändernde Buch mit persönlichen Erlebnissen der Autorin, unter-stützt angeborenen und kreativen Kräfte zu aktivieren sowie Intuition und eine innere, magische

Kraft zu erwecken, die das Leben in eine tiefe Heilung begleitet.

„Folge dem Weg der Bestimmung. Denn es ist Dein Seelenweg!"